MESSI
365 HISTORIAS

FEDERICO LOIACONO

365 Messi / Federico Loiacono - 1a ed. - LIBROFUTBOL.com, 2020.
202 páginas; 15,2 x 22,9 cm.

ISBN 978-987-3979-68-2

1. Fútbol. I. Título.
CDD 796.334

MESSI 365 HISTORIAS
de Federico Loiacono

Diseño de cubierta: Luciano Medvetkin
Diagramación Interior: Luciano Medvetkin
Dibujos de tapa e interior: © Julieta Bernardez
(@julybernardez)

LIBROFUTBOL.com
Olga Cossettini 1112 - oficina 8F - Ciudad de Buenos Aires - Argentina
ediciones@librofutbol.com - whatsapp +54 9 11 2215 1982

1ª edición: octubre de 2020

ISBN 978-987-3979-68-2

ÍNDICE

PRÓLOGO
UN LÍO

por Felipe Pigna

Me encanta el fútbol desde que tengo uso de razón, si eso es realmente así. Más o menos desde los 3 años, gracias a mi abuelo Isidro, que me hizo fana del Rojo de Avellaneda. Desde entonces, admiré a nuestros ídolos propios, como Mura, Bertoni, Bochini, Yazalde y, más acá, Agüero, entre otros tantos; y a los de la Selección, desde Kempes a Maradona. Pero con Lío me pasó algo especial. Comencé a disfrutarlo en el Barcelona, a observarlo en su mundo, casi infantil, de la pelota y el juego por el juego. Después lo escuché, en algunos reportajes, contar su vida nada fácil y su permanente voluntad de superación, siempre humilde, siempre evitando ponerse como ejemplo de nada, y siendo a la vez tan ejemplar y tan raro ejemplar.

Vinieron los años de la Selección, una especie de picadora de carne en un país con millones de directores técnicos, muchos de los cuales jamás tocaron una pelota. Y Lío seguía metiéndose en el lío de ser un crack en un país en el que, a una parte nada desdeñable de la población, le da más por la envidia que por la admiración; donde "garpa" más la crítica que el elogio; donde el "a mí no me la vas a contar" hace que mucha gente se pierda la historia, las historias, si no son narradas por ellos mismos o si no los incluyen de alguna manera, que obviamente resulta imposible en la mayoría de los casos.

Lío fue acusado de "pecho frío"; de no cantar el himno; de no sentir la camiseta. Al mismo tiempo, se afirmaba que era un privilegio de argentinos tenerlo en nuestro equipo. Pero el pibe, Lío, estaba ahí, bancando los trapos, dándole para adelante. Y creció y se convirtió en lo que es para todo el mundo, menos para algunos "compatriotas".

Lío eligió casarse en su Rosario natal y pidió a sus selectos invitados que, en lugar de regalos, hicieran donaciones para una fundación que propicia la construcción de viviendas para familias sin

techo. Algunos de sus millonarios amigos donaron sumas miserables, pero eso tampoco es culpa de Lío.

Solo puedo decir que lo quiero mucho, que lo entendí cabalmente cuando renunció a la Selección hace algún tiempo, y que volvió por los pibes que le mandaban videos llorando porque lo necesitaban ahí, haciendo lío, mareando a todos, jugando a la pelota como en los videos de cuando tenía 5 o 6 años, para quien tuviese la capacidad de disfrutarlo. Gracias, Lío, te quiero un montón.

Felipe Pigna,
Historiador, profesor y escritor
especializado en la historia de la Argentina.

INTRODUCCIÓN

El protagonista es el artista. El historiador es la pluma certera y el investigador es el informador implacable. Tres artífices de una obra, esta obra, que dejará una huella indeleble en quien goce de su letra. Surfear vidas no es tarea sencilla. Se puede perder el equilibrio pero nunca el foco. Cada detalle, cada día, cada récord, cada frase, cada anécdota, cada referencia aporta para subirse a la ola perfecta. Y este libro está impregnado de eso: de perfección.

El artista es el niño-jugador-hombre. Es Messi. Es la virtud máxima del fútbol. Es el virtuoso que deleita nuestras vidas cuando la pelota se entrega a sus pies. El historiador es Pigna, quien con su trazo fino, perfiló el contorno de ese artista al cual admira, respeta y eleva a la categoría de máximo exponente histórico del balompié. Y el investigador, Loiacono, se convirtió en un especialista quirúrgico en desarmar vidas y perfiles para armar algo más que biografías. En este libro se entrelazan todos los vericuetos de semblanzas que te atraparán el corazón, con novedades y recuerdos. Con datos, ilustraciones, relatos y sucesos que, seguro, deleitarán el espíritu del futbolero de ley.

El mundo de las letras, entonces, apreciará el valor de esta trilogía de referencia impostergable. Deletreemos juntos: Eme, e, ese, ese, i: por los siglos de los siglos, por los que nos precedieron, los que somos y por los que vendrán. Messi, el único, tiene quien le escriba cada día de una vida de aparentes fenómenos fantásticos pero que, en verdad, no son otra cosa que situaciones reales. De acá. De este mundo. Del Messi de carne y hueso que ilumina nuestra existencia.

Alejandro Magaldi
Editor de LIBROFUTBOL.com

Alejandro Magaldi es periodista desde 1982. Escribió en el diario *"Popular"*, *"La Gaceta de Hoy"*, *"Crónica"*, *"Infosur"*, *"Olé"*, Revistas *El Handball, Solofútbol, Superfútbol, Goles, Crucigol, El Gráfico*, entre otros medios. Desarrolló coberturas periodísticas internacio-

nales. Realizó colaboraciones para distintas publicaciones deportivas del exterior y tareas de Coordinación de Prensa en Federación Metropolitana de Balonmano (FeMeBal), Federación Argentina de Handball (CAH), Mundial de Básquet 1990, Asociación del Fútbol Argentino (AFA- actualmente).

Se desempeñó en radio en programas de interés general y deportivos. Participó de charlas, conferencias y seminarios vinculados al deporte. Es docente de la Escuela de Periodismo del Círculo de Periodistas Deportivos y el Instituto 20 de Junio, como titular de cátedras de Periodismo Gráfico, Lenguaje Periodístico y Análisis de Medios.

e-mail: alejandro@librofutbol.com

ENERO

1° DE ENERO DE 2015 – UNA VIDA DE PELÍCULA

Messi, dirigido por Álex de la Iglesia, en este *film* se cuenta su historia desde los inicios en Rosario, fue estrenado en 14 cines de Cataluña.

La película, que ya había tenido un preestreno en Brasil durante la Copa del Mundo, narra su vida, con testimonios de familiares, amigos y glorias del fútbol, entre los que se destacan Diego Maradona, Johan Cruyff, Jorge Valdano y César Luis Menotti. Además, hablan Alejandro Sabella y tres compañeros del Barça: Andrés Iniesta, Javier Mascherano y Gerard Piqué. En el *film*, Leo y sus familiares son representados por actores. El chico que lo interpretó tiene 9 años y se llama Juan Ignacio Martínez. "Álex me pidió que fuera yo mismo, que no actuara ni fingiera", explicó el pequeño.

P. D.: En 2018, los usuarios de MARCA.com y Sky Sports lo eligieron como el jugador más destacado de la temporada anterior.

2 DE ENERO DE 2019 – EL EMPLEADO DEL AÑO

Tras pasar las fiestas en Rosario, Leo retornó rápidamente a Barcelona para entrenarse con sus compañeros.

El 22 de diciembre de 2018, una vez terminado el encuentro ante Celta de Vigo y luego de finalizar el año como máximo goleador a nivel mundial (51 gritos), la Pulga viajó a Rosario para pasar las fiestas junto con Antonela, sus tres hijos y su familia. Las vacaciones le duraron unos días, ya que, apenas iniciado el 2019, se presentó en las instalaciones de Barcelona para retomar las prácticas y encarar el final de una nueva temporada.

3 DE ENERO DE 2017 – LE ABRIERON SUS PUERTAS

Durante un entrenamiento a puertas abiertas, todos los hinchas en las tribunas cantaron para que renovara su contrato con el Barça. Tras la práctica, visitó el Hospital de Niños de Barcelona junto con el uruguayo Luis Suárez.

Como sucede en cada comienzo de año, el club catalán realizó una práctica en el Miniestadi, donde alrededor de diez mil personas pudieron ver a Leo entrenarse, y algunos tuvieron la suerte de sacarse fotos con él. Tras ser ovacionado, los hinchas empezaron a gritar "Messi, renueva, Messi, quédate, Messi, quédate", ya que todavía no había renovado su contrato, el cual vencía el 20 de junio de 2018 (finalmente, firmó la prolongación en noviembre de 2017). Tras el entrenamiento, visitó el Hospital de Niños de Barcelona junto con su amigo Suárez, y les llevó regalos a los chicos que allí se encontraban.

4 DE ENERO DE 2012 – ¡QUÉ DOLOR DE CABEZA!

A pesar de sufrir un estado gripal, Guardiola decidió mandarlo al banco ante Osasuna, por la Copa del Rey. Ingresó en la segunda parte y 30 minutos le alcanzaron para convertir dos tantos.

Horas antes del inicio del partido, se dio a conocer que no sería parte del equipo por una gripe. Sin embargo, Pep tomó la decisión de que fuera suplente. Promediando la segunda mitad, cuando el encuentro estaba 2-0 a favor del Barça, saltó al campo de juego. Primero, marcó de cabeza; y, sobre la hora, con un zurdazo la clavó abajo, pegada al palo, inalcanzable para el arquero. Una vez finalizado el partido, se generó una polémica en torno a si realmente se había sentido mal. "No teníamos intención de esconder nada. Messi tenía un malestar, tenía frío, pequeñas décimas de fiebre. 'Vete a casa y ven si te encuentras bien', le dije. Me llamó y dijo que se encontraba mejor, por eso lo puse en el banquillo", explicó el técnico. Por su parte, Leo expresó: "No vomité ni tenía fiebre, solo me dolía la panza, nada más. Por eso no pude salir en el entrenamiento de la mañana, pero después me recuperé bien para jugar".

5 DE ENERO DE 2011 – CELEBRA LA ABIDAL

A 15 minutos del final, le sirvió el gol al francés para conseguir la clasificación a los cuartos de final de la Copa del Rey.

A fines de diciembre de 2010, Barcelona, como local, igualó 0-0 ante Athletic de Bilbao, por la ida de los octavos de final. Ya en 2011 se jugó la revancha, y Leo volvió a ser determinante. En el primer partido tras sus vacaciones, se vistió de asistidor para, con un giro y un simple pase de izquierda, dejar mano a mano a Éric Abidal con el arquero Iraizoz. Sin embargo, faltando cinco minutos para el cierre, Llorente igualó y le puso suspenso al encuentro. Con el 1-1 final, el conjunto de Pep Guardiola pasó de ronda.

P. D.: Seis años después, marcó ante el mismo rival y por la misma competencia: con un golazo de tiro libre, descontó para que el Barcelona perdiera solamente 2-1.

6 DE ENERO DE 2009 – REY DE REYES

Por la ida de los octavos de final de la Copa del Rey, le convirtió un *hat-trick* a Atlético de Madrid y fue ovacionado por todo el Vicente Calderón.

Con Maradona, por aquel entonces entrenador de la Selección Argentina, sentado en la tribuna, Leo jugó un extraordinario partido ante el Aleti. El repertorio incluyó tres tantos (dos de ellos golazos) y grandes jugadas en el 3-1 a favor del Barça. Cuando fue sustituido cerca del final, recibió el reconocimiento de la mayoría de los hinchas colchoneros que estaban en el estadio. "Está en un nivel extraordinario, con y sin el balón. Cuesta frenarle con uno o con dos jugadores. Encima tiene gol. Es un fuera de serie completo", explicó Javier Aguirre, el técnico local.

P. D.: Este mismo día le marcó tres goles a Espanyol: uno en 2013 y, tres años después, se anotó con un doblete en un triunfo 4-1. Además, en 2016 finalizó en la segunda posición del premio The Best.

7 DE ENERO DE 2013 – PÓKER DE ORO

Por cuarto año consecutivo, obtuvo el Balón de Oro como el mejor de la temporada, convirtiéndose en el primer jugador de la historia en lograrlo.

El 2012 fue su año más goleador. Con 91 tantos, batió el histórico récord que poseía, hasta ese momento, la leyenda alemana Gerd Müller, que había marcado 85 goles durante 1972. Además, obtuvo la Copa del Rey y finalizó la primera vuelta de la Liga como el claro dominador. En Zúrich consiguió el 41,60 por ciento de los votos, mientras que Cristiano Ronaldo se llevó el 23,68, e Iniesta el

10,91. "Es impresionante. Quiero compartirlo con mis compañeros del Barcelona. Es un orgullo jugar al lado de Andrés. También quiero dar las gracias a mis compañeros de la Selección Argentina. Quiero agradecerles a mi familia, a mis amigos, a mi mujer y a mi hijo, que son lo mejor del mundo", manifestó en la premiación.

P. D.: En 2018, Barcelona derrotó 3-0 a Levante, y Leo convirtió el primer tanto.

8 DE ENERO DE 2001 – SALIÓ DE LA CUEVA

En una cena en la que estuvieron presentes Joan Lacueva y Rifé, Barcelona ultimó los detalles de su primer contrato.

Además de los pagos por concepto de imagen (algo novedoso en un acuerdo con un juvenil), se estipuló que la Pulga iba a cobrar cien mil millones de pesetas (600.000 euros) por año. También estaban acordados el alquiler de un piso en la ciudad y el pago de siete millones de pesetas para su papá Jorge, como sueldo por su trabajo en Barna Porters, empresa que era propiedad de Barcelona.

P. D.: En 2011 le marcó un tanto a Deportivo La Coruña por la Liga; en 2014, un doblete a Getafe por Copa del Rey; en 2015, un gol a Elche (también por Copa del Rey); y en 2017, un tanto al Villarreal.

9 DE ENERO DE 2012 – NO HAY DOS SIN TRES

Su tercer Balón de Oro lo obtuvo con casi la mitad de los votos (47,88 por ciento). En segundo lugar, quedó Cristiano Ronaldo (21,60) y, en tercero, Xavi (9,23).

El 2011 fue un gran año para Leo, ya que mantuvo un nivel extraordinario y consiguió cinco títulos: Liga, Champions League, Supercopa de España, Supercopa de Europa y Mundial de Clubes. Por ese motivo, los técnicos de las selecciones, capitanes y corresponsales de *France Football* lo eligieron como el mejor jugador de la temporada. De esa manera igualó el récord que tenían, hasta ese momento, Michel Platini, Johan Cruyff y Marco van Basten, quienes habían conseguido la distinción en tres oportunidades. "Es un honor y un placer ganar el premio por tercera vez. Quiero compartirlo con mis compañeros y los técnicos, tanto del Barcelona como de la Selección Argentina. Sin ellos no hubiera podido conseguirlo. Además, este quiero compartirlo especialmente con mi amigo Xavi. Es la cuarta vez que estamos juntos en esta gala y para mí es un placer estar en la cancha con él. Ojalá podamos conseguir más cosas juntos", expresó durante la ceremonia.

P. D.: En la misma gala, su golazo ante Arsenal por los octavos de final de la Champions League finalizó en la tercera ubicación del premio Puskás (lo ganó Neymar). También un 9 de enero, pero de 2016, por la Liga, le convirtió un *hat-trick* a Granada, en el triunfo 4-0 del Barça.

10 DE ENERO DE 2011 – ¡QUÉ SORPRESA!

Cuando todos los pronósticos daban ganador a Iniesta o Xavi, Leo se quedó con el Balón de Oro como el mejor jugador del 2010. "No me esperaba ganarlo hoy", explicó.

Sus compañeros españoles, campeones del mundo con España, picaban en punta para quedarse con la distinción. Sin embargo, el gran año que tuvo la Pulga (finalizó como máximo goleador de Europa y fue la figura del Barça, que logró la Liga con récord de puntos) pesó más y se terminó quedando con su segundo Balón de Oro. Obtuvo el 22,65 por ciento de los votos (atrás se ubicaron Iniesta, con 17,36, y Xavi, con 16,48). "No me esperaba ganarlo hoy. Era ya una felicidad estar aquí, y ganarlo, aún más. Es un día muy especial para mí y quiero agradecérselo a mis compañeros, ya que sin ellos no estaría aquí. Se lo dedico a todos los barcelonistas y a los argentinos".

P. D.: Un año antes, ante Tenerife, marcó un *hat-trick* en una victoria por 5-0.

11 DE ENERO DE 2016 – EL QUINTO ELEMENTO

Cerró un 2015 brillante con un merecido premio: en Zúrich, ganó su quinto Balón de Oro.

Un año más siendo el mejor de todos. El 2015, nuevamente, lo tuvo como principal figura del Barça, con el que ganó cinco títulos: Liga, Copa del Rey, Champions League, Supercopa de Europa y Mundial de Clubes. En la votación, alcanzó el 41,33 por ciento de los votos (atrás quedaron Cristiano Ronaldo, con 27,76, y Neymar, con el 7,86). "Quiero agradecer a los que me votaron y a mis compañeros, porque sin ellos no sería posible. Y gracias al fútbol en general por lo que me hizo vivir, lo bueno y lo malo, porque me hizo crecer y aprender todo en la vida. Es un momento muy especial para mí estar aquí otra vez, conseguir otra vez un Balón de Oro después de dos años mirando cómo Cristiano lo ganaba. Es increíble que sea el quinto, es mucho más de lo que imaginaba y soñaba cuando era chiquito", explicó tras recibir el premio.

P. D.: En la misma gala, su golazo ante Athletic de Bilbao finalizó en la segunda ubicación del premio Puskás (lo ganó el brasilero Wendell Lira). Además de la distinción, el 11 de enero convirtió cinco tantos: en 2009 a Osasuna, en 2015 a Atlético de Madrid, en 2017 a Athletic de Bilbao y, en 2018, un doblete a Celta de Vigo.

12 DE ENERO DE 2011 – EL DUEÑO DE LA PELOTA

Un balón más para su colección: *hat-trick* ante Betis por la ida de los cuartos de final de la Copa del Rey.

Aquel día, el Barça se lució de la mano de Leo. El primer tanto llegó sobre el final del primer tiempo, cuando definió por encima del arquero tras una asistencia de Iniesta. Ya en la segunda mitad, el equipo de Pep Guardiola fue una máquina y no tuvo piedad de su rival. A los 16 y a los 27, la Pulga aumentó la goleada, convirtiendo el noveno triplete de su carrera. Finalmente, el encuentro terminó 5-0. "Le felicito por los tres goles y por lo que ha trabajado", sostuvo el técnico español.

P. D.: En 2009 se llevó a cabo la entrega del FIFA World Player of the Year en el Teatro de Ópera de Zúrich, donde la Pulga finalizó en la segunda posición de la votación. Además, seis años después, durante la Gala del Balón de Oro que ganó Cristiano Ronaldo (Leo quedó segundo), se dio un hecho muy particular: cuando entró a la sala, el hijo del portugués se acercó y fue directamente a saludarlo. "Él está siempre viendo un vídeo de internet de nosotros, y me habla de ti", le explicó CR7 entre risas.

13 DE ENERO DE 2005 – CELESTE Y BANCA

Aunque el Barça en un principio no quería, fue cedido para jugar el Sudamericano Sub 20 de Colombia. Ante Venezuela, en su debut, ingresó desde el banco de suplentes y convirtió un tanto.

A pesar de haber tenido minutos con el primer equipo de Barcelona, la idea del cuerpo técnico argentino era llevarlo de a poco. Como no estaba al mismo nivel físico que sus compañeros y rivales (por lo general, dos años mayores que él), comenzó el torneo como suplente. "No quiero apurarlo", dijo el entrenador Hugo Tocalli en la previa. Ante Venezuela, ingresó a los 14 minutos de la segunda mitad por el Pocho Lavezzi, convirtió el 2-0 (el cotejo finalizó 3-0) y fue elegido como el mejor jugador. "Fue un debut muy lindo. Nunca había jugado con la Selección un partido oficial. Fue una noche bárbara. Mi gol fue bonito, y el festejo fue todo un desahogo. Lo grité porque tenía ganas de jugar y vestir esta camiseta", explicó.

P. D.: Ocho años después, por la Liga, le marcó un tanto a Málaga (triunfo por 3-1) y, en la siguiente temporada, finalizó segundo en la votación del Balón de Oro como el mejor futbolista de 2013.

14 DE ENERO DE 2018 – ADIÓS AL MALEFICIO

Con un golazo de tiro libre de Leo, el Barça volvió a ganar como visitante ante Real Sociedad por la Liga luego de once años.

El 5 de mayo de 2007 había sido el último triunfo culé en San Sebastián. Aquella vez, Leo había jugado de titular (fue reemplazado a los 92 minutos por Oleguer Presas Renom), y los tantos fueron convertidos por Iniesta y Samuel Eto'o. Luego pasaron siete visitas seguidas a Anoeta sin ganar por parte del Barça (cinco derrotas y dos empates), convirtiéndose en la peor racha como visitante de la Liga durante el siglo XXI. Once años después, el conjunto catalán se quedó con la victoria por 4-2, a pesar de comenzar perdiendo 2-0. Con un golazo de tiro libre de la Pulga, dos tantos de Suárez y otro de Paulinho, logró invertir el marcador. De esa manera, cerró la primera vuelta como puntero y único invicto de Europa, dejando en el camino solo seis puntos y sacándole 19 de diferencia a Real Madrid.

P. D.: Un año antes, en 2017, le marcó un tanto a Las Palmas en la goleada por 5-0.

15 DE ENERO DE 2001 – EL PAPELEO FINAL

A través de una carta oficial con el sello de Barcelona, Charly Rexach se comprometió a cumplir el contrato que se había redactado siete días antes.

Tres días después, Jorge Messi recibió otra carta del club, pero esta vez de Joan Lacueva. Allí, se confirmó el acuerdo económico que se había estipulado en los días previos. Con el papeleo final ya casi resuelto, la Pulga estaba cada vez más cerca de viajar definitivamente a Barcelona para instalarse en la ciudad catalana y convertirse en jugador de la institución.

P. D.: El 15 de enero marcó cinco tantos: en 2005, un doblete a Bolivia por el Sudamericano Sub 20 que se jugó en Colombia; en 2008, un tanto a Athletic de Bilbao por la Liga; y, en 2012, dos a Betis.

16 DE ENERO DE 2010 – ES UN *100TIMIENTO*

Con un doblete ante Sevilla, superó la marca de 100 goles con la camiseta blaugrana.

Fue una jornada ideal para Leo y el Barça. Con el triunfo 4-0 ante Sevilla, el equipo de Guardiola aprovechó la caída de Real Madrid ante Athletic de Bilbao y le sacó cinco puntos de ventaja al conjunto merengue, el segundo. La Pulga, con su doblete, logró superar la marca de cien tantos en el club y quedó como Pichichi en solitario. Además, llegó a los 21 gritos durante la temporada: 14 en el torneo local, dos en Champions, uno en la Copa, dos en Supercopa de España y dos en el Mundial de Clubes. "Es feliz marcando. Tiene 22 años, es una pasada lo que hace. Solo de él depende romper todos los récords posibles", manifestó Pep.

P. D.: En otros 16 de enero marcó tres goles más: en 2013, uno ante Málaga; y, un año más tarde, dos ante Getafe, todos por la Copa del Rey.

17 DE ENERO DE 2005 – ¿ARRANCA O NO ARRANCA?

Ante Perú, jugó por primera vez de titular en el Sudamericano Sub 20. Con un tanto suyo, Argentina ganó 6-0.

A pesar de que en aquel torneo comenzó desde el banco en la mayoría de los encuentros (seis partidos de nueve), ante Perú salió de entrada y convirtió un gol. Con el triunfo, Argentina se aseguró la clasificación al hexagonal final. Tras el encuentro, Tocalli y Francisco Ferraro se acercaron a su habitación para comentarle la idea de que volviera a ser suplente, ya que consideraban que ingresando en el segundo tiempo, con los rivales cansados, sacaba mucha más ventaja. "Pensé en decirles lo mismo", les comentó Leo.

P. D.: Cuatro años más tarde, en 2009, le marcó un tanto a Deportivo La Coruña por la Liga; y en 2016, por la misma competencia, gritó de penal ante Athletic de Bilbao.

18 DE ENERO DE 2015 – NO FUE DE VISITA

Tras 105 días sin convertir jugando fuera de casa por la Liga, le marcó un *hat-trick* a Deportivo La Coruña.

Otra destacada actuación de Leo. Con un nivel superlativo, fue la gran figura de la victoria 4-0 del Barça en Riazor, y cortó una larga sequía sin marcar fuera del Camp Nou por la Liga. Primero, abrió el marcador con un tanto de cabeza, tras un preciso centro de Ivan Rakitić. Más tarde, a los 33 minutos, quedó mano a mano con el arquero y, con un leve toque, convirtió por encima: una definición digna del mejor jugador del mundo. Ya en la segunda mitad, nuevamente se asoció con el volante croata y, a la salida de un córner, sacó un potente zurdazo, imposible de atajar. "A lo largo de toda la temporada está a un nivel altísimo, de *crack*, no le he visto bajar ese nivel en ningún momento", afirmó el técnico Luis Enrique cuando le consultaron sobre la Pulga.

P. D.: En 2012 fue clave ante Real Madrid por la ida de los cuartos de final de la Copa del Rey. Cuando parecía que el encuentro finalizaba 1-1, con un preciso pase habilitó a Abidal, que, tras quedar mano a mano con Iker Casillas, marcó el 2-1 final. Ese encuentro también es recordado por el pisotón de Pepe a Leo: cuando el portugués pasó por su lado, le pisó con intención su mano izquierda. Inmediatamente, las redes sociales se llenaron de críticas hacia el jugador del Madrid por la jugada.

19 DE ENERO DE 2013 – UNA ILUSIÓN

En una entrevista para *El Periódico* de España, manifestó su anhelo para un futuro: "De chiquito, en Rosario, mi sueño era jugar algún día en Argentina. Tengo ese deseo de disfrutarlo allí".

"No sé cuándo. No podemos poner plazos ni marcar fechas. Nunca sabes lo que puede pasar en el fútbol, pero jugar en Argentina es una de mis ilusiones", explicó en una entrevista. Además de hablar de su futuro en la Selección Argentina, se refirió a su reciente paternidad, admitiendo que la llegada de su hijo Thiago le cambió la vida: "Ahora, lo primero es él, después él y, al final, él. Cambió un montón, cambió para todo. Antes llegaba a mi casa y seguía como si continuara estando fuera. O sea, con bronca. Si las cosas no salían bien, me la llevaba conmigo a todos lados, ahora no. Antes, me encerraba en mí mismo y no quería escuchar ni ver a nadie. Ahora llego a mi casa, veo a mi hijo y me olvido de todo, se me pasa".

P. D.: El mismo día en que se publicó esa nota, jugó ante Real Sociedad y, pese a marcar un gol, el Barça perdió 3-2. Dos años antes, frente a Betis, también había convertido en una derrota, en esa oportunidad por 3-1.

20 DE ENERO DE 2017 – IMBATIBLE

En una entrevista televisiva, Jorge Sampaoli comparó a Leo con Batman para explicar sus diferencias con el resto de los jugadores.

El técnico argentino, por aquel entonces en Sevilla, hizo un llamativo paralelismo cuando fue consultado sobre Leo en una entrevista que le concedió a Jorge Valdano en *Bein Sports*. "Comparar a Messi con el resto es como comparar a un gran policía con Batman", manifestó.

21 DE ENERO DE 2015 – LOS DURMIÓ

El arquero Jan Oblak le atajó un penal, pero Leo anticipó a todos y la metió de rebote, para convertir el único tanto del partido ante el Aleti.

En un encuentro muy complicado para él, Leo fue más rápido que el resto. Siempre atento a la jugada, no se fastidió porque Oblak le detuvo un penal, sino que, bien rápido, anticipó a sus rivales para agarrar el rebote y marcar el 1-0 final ante el Atlético de Madrid del Cholo Simeone, por la ida de los cuartos de final de la Copa del Rey. En la vuelta, disputada en el Vicente Calderón siete días después, el equipo de Luis Enrique se quedó con el triunfo 3-2 y se clasificó a las semifinales del certamen.

P. D.: El 21 de enero de 2018 le marcó dos tantos a Betis, en una goleada 5-0.

22 DE ENERO DE 2012 – UN CAMINO DE ROSAS

Ante Málaga, en La Rosaleda, convirtió un *hat-trick* para darle el triunfo 4-1 al Barça.

Nuevamente, por quinta vez en esa Liga, volvió a convertir por triplicado. El primero fue de cabeza, como aquel que le hizo a Edwin van der Sar en la final de la Champions. Los otros dos fueron verdaderos golazos, ambos a partir de grandes jugadas individuales. Así, llegó a los 36 gritos en la temporada y a los 22 en la Liga con la camiseta del Barça, igualando el récord en una primera vuelta que César había logrado en la temporada 1950/51 con el equipo culé. "Pocas cosas más se pueden decir de él. Su gran fuerza es la regularidad, estar tan arriba, ser tan importante en cada partido. Nunca ha perdido el gol y seguro que estos goles le van bien para los próximos partidos", explicó Pep Guardiola.

P. D.: Este día, además, marcó tres tantos: en 2006, ante Deportivo Alavés; en 2011, ante Racing de Santander; y en 2017, en una victoria 4-0 del Barça ante Eibar.

---

23 DE ENERO DE 2010 – RONDA REDONDA

Con un gol de la Pulga, el Barça goleó 3-0 a Valladolid y, por primera vez en su historia, el club finalizó invicto la primera vuelta de la Liga.

A los 57 minutos, con el partido 2-0 a favor del Barça, Zlatan Ibrahimovic asistió a Leo, que convirtió su decimoquinto gol en la Liga y quedó primero en la tabla de goleadores, en la lucha por quedarse con el Pichichi (sumó uno más que David Villa, entonces en Valencia). El triunfo, además de posicionar a Barcelona a ocho puntos de diferencia de Real Madrid (segundo en la tabla de posiciones), le permitió al club catalán finalizar la primera rueda de manera invicta por primera vez en su historia.

P. D.: En 2016, en una victoria 2-1 ante Málaga, convirtió el tanto del triunfo.

---

24 DE ENERO DE 2009 – *HOME, SWEET HOME*

Cuando se rumoreaba que Florentino Pérez lo quería fichar para Real Madrid, Leo se encargó de dejar en claro cuál era su lugar en el mundo: en el Camp Nou, marcó dos golazos y fue la figura del 4-1 ante Numancia.

Otro recial del 10 en el Camp Nou, el patio de su casa. Tras un primer tiempo en el que al equipo de Guardiola le costó, en la segunda mitad logró imponer su ritmo y los tantos llegaron solos. Leo contribuyó al espectáculo con dos golazos: en el primero, definió tras un sombrerito de Dani Alves; en el segundo, luego de una gran jugada individual a pura gambeta. Con respecto a los rumores que sostenían que el Madrid lo quería fichar, Joan Laporta, presidente del Barça, se encargó de despejar cualquier duda: "Son intentos de desestabilizar, una campaña para tapar sus problemas. Messi es feliz aquí y se encarga de demostrarlo partido a partido".

P. D.: En 2013 le marcó un tanto a Málaga; y, en 2015, dos a Elche.

25 DE ENERO DE 2012 – EL REBELDE

Cuando peor la estaba pasando ante Real Madrid, tomó la pelota e hizo una gran jugada individual para asistir a Pedro. Con el 2-2 final, el conjunto culé dejó en el camino al equipo de Jose Mourinho y se clasificó a las semifinales de la Copa del Rey.

Días antes, el Barça se había quedado con la victoria 2-1 en condición de visitante. En la vuelta era el claro favorito para pasar de ronda, pero tuvo que sufrir más de la cuenta. En el Camp Nou, el Madrid comenzó mucho mejor y generó varias situaciones de peligro. En el momento más crítico, cuando estaba cerca de pasar al frente, Leo, en una gran jugada individual, apiló cuatro rivales y, en el instante preciso, asistió a Pedro, que definió ante Casillas. Cinco minutos más tarde, Dani Alves puso el 2-0 con un golazo. En la segunda mitad, el conjunto de Mourinho estaba obligado a hacer tres tantos para pasar de ronda, y estuvo cerca: con goles de Cristiano Ronaldo y Karim Benzema, empató el encuentro, pero Barcelona aguantó y, tras el pitazo final, se quedó con la clasificación.

P. D.: En 2005, por el Sudamericano Sub 20, le convirtió un tanto a Venezuela de cabeza; 13 años después, marcó en un derbi ante Espanyol, por la Copa del Rey.

26 DE ENERO DE 2012 – *KING LEO*

Bajo este título, apareció en la portada de la famosa y prestigiosa revista *Time*. En la bajada, se preguntaban: "Es el mejor jugador del mundo y posiblemente de todos los tiempos. Entonces, ¿por qué no lo quieren en la Argentina?".

Con un primer plano de su rostro, típico de la revista, fue la tapa de la edición para la región Asia y Pacífico Sur. Anteriormente, ya había sido elegido por *Time* como uno de los personajes del año a nivel mundial entre 2010 y 2011.

P. D.: Un año antes, le había marcado dos tantos a Almería en una victoria 5-0 por semifinales de la Copa del Rey; y por la misma competencia, pero en 2017, por los cuartos de final, un gol de penal a Real Sociedad.

27 DE ENERO DE 2013 – PÓKER DE CORAZONES

Por tercera vez en su carrera, anotó cuatro tantos en un partido. En esta oportunidad, en una victoria 5-1 ante Osasuna.

Otra función en el Camp Nou del Barça puntero de la Liga. Justo el día en que Cristiano Ronaldo había convertido tres goles frente a Getafe, Leo no se quedó atrás y se despachó con un póker ante Osasuna. Con los cuatro tantos, alcanzó un récord absoluto: llegó a las 11 jornadas consecutivas anotando, y alcanzó 33 tantos en el certamen, sacándole aún más ventaja a CR7 como máximo anotador (el portugués, segundo en la tabla, contaba con 21 gritos).

28 DE ENERO DE 2018 – NO HAY BARRERAS QUE LO DETENGAN

Golazo de tiro libre para derrotar 2-1 a Alavés y estirar la racha invicta del Barça en la Liga.

En un encuentro complicado, igualado 1-1, faltaban seis minutos para el final y Barcelona contó con un tiro libre peligroso. Leo la acomodó, tomó carrera y, con un zurdazo preciso, la clavó en un ángulo, imposible para el arquero Pacheco. Importante victoria para el equipo de Ernesto Valverde, que mantuvo su invicto en el certamen local y continuó con su ventaja de once puntos sobre Atlético de Madrid, el segundo de la tabla.

P. D.: En 2012, la prestigiosa revista *Sports Illustrated* lo eligió como el mejor futbolista de la historia. Detrás de él, quedaron Diego Maradona, Johan Cruyff, Pelé y Franz Beckenbauer.

29 DE ENERO DE 2006 – EL SEXTO HOMBRE

Arrancó el partido sentado en el banco de suplentes y tan solo 18 minutos le alcanzaron para marcar dos goles ante Mallorca y permitir que el Barça lograra su decimocuarta victoria consecutiva en la Liga.

Con un jugador más, y el resultado 1-0 a su favor, Frank Rijkaard hizo ingresar a Leo por el sueco Henrik Larsson. Estuvo menos de veinte minutos en cancha, pero fue tiempo suficiente para revolucionar el partido con dos goles antológicos: el primero, tras un gran amague; el segundo, el más espectacular, picándosela por encima al arquero, tras una asistencia de Ronaldinho. Entre ambos tantos, increíblemente falló una situación sin portero, luego de un pase de Ludovic Giuly. La victoria, además, sirvió para que el Barça sumara su decimocuarto triunfo consecutivo en la Liga.

P. D.: En 2011, en un triunfo 3-0 ante Hércules, convirtió dos goles y superó a Eto'o, convirtiéndose, con 109 tantos, en el tercer goleador en la historia del Barça. "Es un animal competitivo", explicó Guardiola tras el encuentro.

30 DE ENERO DE 2016 – ATRÁPAME SI PUEDES

Con un gol de Leo y otro de Suárez, el Barça venció 2-1 a Atlético de Madrid y quedó más líder que nunca en la Liga.

En el Camp Nou, Barcelona recibió al Atlético del Cholo Simeone con un solo objetivo: ganar para estirar su ventaja ante el segundo de la Liga. A pesar de que comenzó perdiendo, terminó logrando su cometido. A los 30 minutos, luego de una buena jugada colectiva, Leo marcó el 1-1. Tras el gol de Suárez, la Pulga provocó la roja de Filipe Luis: cuando estaba por finalizar la primera mitad, el lateral brasileño le fue con una plancha muy fuerte, generando la bronca de Luis Enrique. Cuando fue consultado por la falta, el técnico no dudó: "¿Has visto mi reacción? No lo voy a analizar, pero yo me he asustado".

31 DE ENERO DE 1997 – PARTE MÉDICO

Cuando tenía 11 años se descubrió que padecía un problema de crecimiento, por el cual tenía que realizarse un tratamiento. Todas las noches debía inyectarse en las piernas, un día cada una, durante tres años.

El doctor Diego Schwarzstein fue el primero que lo atendió por su baja estatura. Aquel día, le explicó que la medicina no puede ayudar a crecer a todo aquel que se lo proponga por el simple hecho de querer ser más alto, sino que solo es de utilidad en personas sobre las cuales se detecte que cuentan con algún problema que les impida crecer normalmente. "Lo que faltaba era una hormona. Se obtenía por ingeniería genética exactamente lo mismo que hacía falta y se inyectaba de forma subcutánea una vez por día. El tratamiento consistía en darle al cuerpo una cosa que le está faltando", explicó Schwarzstein. Años después, Leo recordó: "La gente que me veía inyectarme se sorprendía o se ponía mal. A mí no me molestaba ni me dolía. A cualquier lado que iba, llevaba la jeringa en un estuche y la ponía enseguida en la heladera. Después agarraba y me la aplicaba yo mismo en los cuádriceps. Todas las noches era así. Un día en una pierna y otro día, en otra".

FEDERACIÓ CATALANA
DE FUTBOL
-6 MARÇ 2001
FUTBOL CLUB BARCELONA
1899
LLICÈNCIA
PROVISIONAL
TEMPORADA: 2000-2001
LIONEL ANDRES
MESSI
FUTBOL CLUB BARCELONA
24 06 1987
01

FEBRERO

1° DE FEBRERO DE 2009 – UN GOL QUE FUE HISTORIA

A pesar de comenzar el encuentro ante Racing de Santander sentado en el banco, entró y dio vuelta el resultado al convertir dos tantos. Uno significó el número 5000 en la historia del Barça.

Con él entre los suplentes, el partido fue complicado para Barcelona. Cuando Guardiola lo hizo ingresar, con el resultado 1-0 en contra, tuvo otra actuación estelar y, con dos tantos, logró dar vuelta el marcador para quedarse con el triunfo 2-1. El segundo gol (lo convirtió tras una espectacular volea) tuvo la particularidad de ser el número 5000 en la historia del club. "Me alegro por Leo, como también me hubiera alegrado por cualquiera, pero está bien que haya sido él, porque es de la casa y ha marcado un golazo con la derecha", dijo Pep luego de la victoria.

P. D.: En 2006, por los cuartos de final de la Copa del Rey, le convirtió un tanto a Zaragoza. Además, en 2015 le anotó un gol a Villarreal; y en 2017, otro a Atlético de Madrid.

2 DE FEBRERO DE 2014 – UN CORTE Y VOLVEMOS

Junto con Roger Federer protagonizó una divertida publicidad para *Gillette*.

En el *spot* televisivo, Leo se está afeitando al lado del suizo y, a medida que van usando las rasuradoras de distintos países, juegan al deporte típico del lugar. Después de desempeñarse en criquet y tenis, la Pulga vuelve a ser futbolista y, con la camiseta de la Selección Argentina, enfrenta a Brasil, con Federer como arquero rival.

3 DE FEBRERO DE 2016 – LA ESTRELLA DE VALENCIA

Leo superó los 500 goles en su carrera en una aplastante victoria 7-0 ante el equipo che.

En un momento de su trayectoria, sus exorbitantes números dejaron de sorprender, pero al momento de alcanzar una cifra redonda (ya fueran goles, títulos o partidos), por lo general se toma más conciencia del logro y la leyenda se agiganta. Ante Valencia, por la ida de las semifinales de la Copa del Rey, Barcelona jugó un partido brillante y se quedó con el triunfo 7-0. Leo, que convirtió tres tantos, alcanzó los 501 gritos en su carrera, con tan solo 28 años. Una marca impensada para el fútbol actual. Luis Suárez, la otra gran figura de la jornada, marcó los cuatro goles restantes.

P. D.: En 2013 le convirtió un tanto de penal a Valencia y llegó a las 12 jornadas consecutivas marcando.

4 DE FEBRERO DE 2017 – CUALQUIER ÁNGULO

Desde un costado, convirtió un tanto de tiro libre ante Athletic de Bilbao. El resultado final fue 3-0 a favor de Barcelona.

Tres puntos más para el equipo de Luis Enrique. Como local, el Barça venció 3-0 a un conjunto vasco que, durante el primer tiempo, contó con varias situaciones, pero la efectividad de los locales se hizo sentir. Tras el 1-0 de Paco Alcácer, Leo tuvo un tiro libre en un costado, desde un ángulo muy cerrado, y la jugada terminó en gol (con un poco de ayuda del arquero Gorka Iraizoz).

P. D.: Un año después, en un derbi caliente ante Espanyol, protagonizó una situación atípica: bajo una intensa lluvia, Víctor Sánchez lo agarró de la camiseta y le pegó una patada, por lo que Leo reaccionó con un manotazo. Después de la jugada, ambos discutieron durante unos minutos.

5 FEBRERO DE 2011 – EL PIBE DIEZ

Hat-trick ante Atlético de Madrid para alcanzar las 16 victorias consecutivas en la Liga y superar el viejo récord del Madrid de Di Stéfano.

Otra actuación estelar y otra pelota que se llevó a su casa. Tras anotar tres tantos frente a los colchoneros, no solo le sacó diez puntos de ventaja al Real, sino que, además, superó el récord de victorias consecutivas que el club merengue tenía desde de la temporada 1960/1961. Con ese triplete, Leo alcanzó los 24 goles en la Liga y superó en el Pichichi, en el día de su cumpleaños, a Cristiano Ronaldo. "No seríamos lo que somos sin Messi. Seríamos un buen equipo, ganaríamos partidos, pero no con esta solvencia. Todos los grandes equipos tienen un jugador que marca diferencias. Para ganar 15 partidos, el Madrid tuvo a Di Stéfano. Para que nosotros ganáramos 16, había que tener a Messi. Es un ejemplo para todos", manifestó Guardiola tras el 3-0.

P. D.: El 5 de febrero de 2011 le marcó un tanto a Real Sociedad.

6 DE FEBRERO DE 2005 – LA ALEGRÍA NO ES SOLO BRASILEÑA

En su primer Argentina-Brasil, marcó el gol del triunfo que le dio a la Selección la clasificación al Mundial Sub 20 de Holanda.

Con una victoria ante el rival de toda la vida, la albiceleste se aseguraba el tercer puesto y un boleto a la Copa del Mundo de la categoría. Con Leo sentando en el banco de suplentes, Brasil comenzó ganando a partir de un tanto de Evandro, pero la igualdad llegó gracias a un gol de Pablo Zabaleta. A los 20 minutos de la segunda mitad, la Pulga, que había ingresado por Neri Cardoso, señaló el tanto del triunfo.

P. D.: En 2010, ante Getafe, marcó un golazo y asistió a Xavi para que el Barça ganara 2-1. Aquella vez, el conjunto catalán terminó con nueve jugadores, debido a expulsiones de Gerard Piqué y Rafa Márquez.

7 DE FEBRERO DE 2016 – NO LEVANTE EL BANDERÍN

Gol mal anulado y asistencia en una victoria 2-0 para seguir como puntero de la Liga.

A pesar de que estuvo lejos de su nivel habitual, la Pulga fue importante en el triunfo del Barça ante Levante. En el primer tiempo, el juez de línea le anuló mal un gol por un fuera de juego inexistente. Sobre el cierre, con el 1-0 a favor, aprovechó un contragolpe y habilitó a Suárez, que marcó el 2-0 final. Con la victoria, el equipo de Luis Enrique alcanzó las 54 unidades en la Liga, sacándole tres puntos de ventaja a Atlético de Madrid, que contaba con un partido más.

8 DE FEBRERO DE 2015 – UN POCO DE SUERTE

Hasta el mejor del mundo, a veces, necesita algo de fortuna: para abrir el marcador ante Athletic de Bilbao, un tiro libre suyo pegó en la barrera y descolocó al arquero, que no llegó a sacarla.

Importante victoria del Barça en San Mamés. Con un Leo muy enchufado, el conjunto de Luis Enrique se quedó con el triunfo 5-2

y se ubicó a tan solo una unidad del puntero, Real Madrid. El resultado se abrió con un de tiro libre de la Pulga, el cual tuvo la suerte de que se desviara en Laporte. Luego condujo al equipo y participó en todas las anotaciones: asistió a Neymar y Suárez, provocó un tanto en contra y, sobre el final, protagonizó una gran jugada que culminó con un golazo de Pedro.

9 DE FEBRERO DE 1996 – EL LEO DE LA GENTE

En el estadio de Newell's, en el entretiempo del partido despedida del Tata Martino, salió junto con sus compañeros a dar una vuelta olímpica y fue aclamado por la hinchada.

Con apenas 9 años, fue ovacionado por primera vez en un estadio de fútbol. Las divisiones inferiores de la Lepra, que habían salido campeonas, dieron una vuelta olímpica en el entretiempo del partido homenaje a Martino, ídolo del club. Tras ser empujado por sus compañeros, Leo comenzó a hacer jueguitos con la pelota en el medio del campo. "Maradó, Maradó...", cantaron todos los hinchas bajo un intenso temporal. Paradójicamente, 17 años después, el destino los volvió a juntar, cuando el Tata asumió como entrenador del Barça y, más tarde, de la Selección Argentina.

P. D.: En 2014, por la Liga, Barça derrotó 4-1 a Sevilla, y Leo convirtió dos goles.

10 DE FEBRERO DE 2013 – A UN PASITO

En una goleada 6-1 ante Getafe, marcó su gol número 299 con la camiseta del Barça.

Corría el minuto 13 del encuentro cuando Thiago, luego de ser habilitado por Iniesta, le cedió la pelota a Leo, que definió cayéndose para marcar el 2-0 parcial y su gol número 299 en el club. Fue el decimotercer partido consecutivo en el que marcó y, como si fuera poco, estuvo muy cerca de gritar el 300, pero su remate, luego de un gran centro de Alexis Sánchez, pegó en el poste.

11 DE FEBRERO DE 2013 – SIN PALABRAS

"Inmessionante", el adjetivo elegido por Alejandro Sabella para definir a Leo, llegó al diccionario.

A través de sus redes sociales, *Pepsi* había lanzado una campaña para encontrar un adjetivo que calificara a la Pulga. Después de muchas opciones, "Inmessionante" fue elegido por el técnico Sabella. El término apareció en el diccionario Santillana con esta definición: "Calificativo referente a Messi, a su manera perfecta de jugar al fútbol, a su capacidad ilimitada de autosuperación. Dícese del mejor futbolista de todos los tiempos".

P. D.: En 2009, con la Selección Argentina, convirtió un gol ante Francia en un encuentro amistoso. En 2011 le marcó un tanto Villarreal y, en 2017, otro a Alavés.

12 DE FEBRERO DE 2014 – ZARRA CON GUSTO

A pesar del intento de frenarlo por parte de cinco jugadores de Real Sociedad, marcó un golazo para clasificarse a la final de la Copa del Rey y, con 335 tantos, alcanzó al legendario Telmo Zarra como el máximo goleador de un club español, sumando todas las competiciones.

El Barça se volvió de Anoeta con su objetivo: con el 2-0 conseguido en el Camp Nou ante la Real Sociedad, igualó 1-1 como visitante y obtuvo el boleto a la final, donde estaba esperando Real Madrid. Leo, además, escribió otra página dorada en su carrera: a los 27 minutos de la primera mitad, arrancó con la pelota dominada en la mitad de la cancha y, pese al intento de cinco rivales por pararlo, marcó su gol número 335 en Barcelona, igualando el récord que poseía Telmo Zarra con el Athletic de Bilbao durante las décadas del cuarenta y cincuenta, como el máximo anotador de un club español.

13 DE FEBRERO DE 2018 – *#MESSIART*

Mediante un concurso por redes sociales, lideró una campaña solidaria para recaudar fondos para la construcción del nuevo centro de oncología pediátrico del Hospital Sant Joan de Déu.

El 10 se puso la 10 afuera de la cancha y encabezó una campaña solidaria contra el cáncer infantil. Mediante su web oficial, invitó a sus fans a participar de un concurso de dibujo. La consigna era simple: había que subir un retrato de la Pulga con el tema "Leo rumbo a Rusia 2018" en las redes sociales (Instagram, Facebook y Twitter) y el hashtag *#MessiArt*. La obra ganadora fue firmada por él y donada para colaborar con el proyecto.

14 DE FEBRERO DE 2016 – LO MEJOR DEL AMOR

Leo enamoró a todos en el día de San Valentín: primero abrió el marcador ante Celta con un golazo de tiro libre y, sobre el final, transformó un penal en una asistencia que convirtió Suárez.

Otra vez una actuación brillante. Con la Pulga como líder, el Barça goleó 6-1 a Celta y continuó como puntero en la Liga. A los 28 minutos del primer tiempo, abrió el partido con un golazo de tiro libre, luego asistió a Suárez con un pase de vaselina, más tarde hizo toda la jugada del 3-1 y, por último, le hicieron un penal. En esa jugada emuló una vieja maniobra de Johan Cruyff: en lugar de patear, cedió la pelota con un pase hacia adelante para que el uruguayo Suárez convirtiera. Después del encuentro, Neymar explicó que en realidad la maniobra estaba pensada para él: "La habíamos ensayado con Leo, pero ha sido gol y estamos contentos por eso, que es lo importante. Somos muy generosos los de delante, nos queremos mucho y nuestra amistad es lo más importante, da igual quien hace los goles, no importa, sino que el Barça gane el partido".

P. D.: En 2012, por la ida de los octavos de final de la Champions League, le marcó un tanto a Bayer Leverkusen.

15 DE FEBRERO DE 2001 – NO LLORES POR MÍ, ARGENTINA

Luego de semanas de preparación, reuniones y papeleo, viajó junto con su familia para radicarse definitivamente en Barcelona.

"Dejábamos el barrio, Las Heras, y salieron a despedirnos todos nuestros amigos, toda nuestra gente. Todos estaban en la calle. Nos íbamos la familia completa, mis padres, Jorge y Celia, y mis hermanos Rodrigo, Matías y la pequeña María Sol, que tenía entonces 5 años. Ese día estábamos tan tristes que Matías y yo lloramos, lloramos mucho. Todo el viaje fue tristísimo, añorábamos a la familia, a mis tíos, a la gente", recordó, años después, Leo. Una vez que llegaron a la ciudad catalana, tras un largo vuelo, se instalaron en el hotel Rallye, en la Travessera de les Corts, frente al Camp Nou. La aventura en tierras españolas recién había comenzado.

P. D.: Ese mismo día, en 2014, le convirtió un doblete a Rayo Vallecano; y en 2015, un triplete a Levante, ambos encuentros por la Liga.

16 DE FEBRERO DE 2013 – LA BOMBA ROSARINA

Doblete ante Granada para ganar 2-1 y superar la barrera de los 300 goles con la camiseta del Barça.

Imparable. En Los Cármenes, dio vuelta el encuentro él solo y alcanzó las 14 jornadas convirtiendo de manera consecutiva. En un encuentro complicado, el equipo dirigido por Jordi Roura comenzó perdiendo, pero Leo marcó los dos tantos que le permitieron quedarse con el triunfo: el primero, de rebote, tras un potente remate de Cesc Fàbregas; y el otro con un preciso tiro libre. El doblete no solamente le sirvió para ganar, sino que le permitió alcanzar los 301 goles en el club. "Rijkaard, Guardiola, Tito o Roura hacen las alineaciones y Messi toma las decisiones", escribió al día siguiente Santi Nolla, director del diario *Mundo Deportivo.*

17 DE FEBRERO DE 2002 – LE DIERON PELOTA

En el campo de Can Vidalet, ante Esplugues de Llobregat, hizo su debut en un torneo nacional de España: convirtió tres tantos.

Como Newell's se demoraba demasiado en enviar el transfer de Leo, el Barça consultó con la FIFA, organismo que explicó, mediante un comunicado, que a un chico de 13 años no se le podía impedir jugar al fútbol si así lo deseaba. A partir de eso, el 15 de febrero fue inscripto en la Federación Española. Dos días después, tuvo su debut frente a Esplugues de Llobregat: tras comenzar sentado en el banco, ingresó en la segunda mitad y convirtió un *hat-trick.*

P. D.: Catorce años después, le marcó dos tantos a Sporting Gijón.

18 DE FEBRERO DE 2014 – EL CIUDADANO ILUSTRE

En el Etihad Stadium, le convirtió un tanto de penal a Manchester City para dejar al Barça a un paso de clasificarse a los cuartos de la Champions League.

Por los octavos de final, a Barcelona le tocó una parada complicada: Manchester City. En la ida, el equipo de Gerardo Martino se adueñó del balón desde un principio, aunque curiosamente se colocó en ventaja gracias a un contraataque: Iniesta le puso un pase profundo a Leo y, para frenarlo, Martín Demichelis le cometió penal y fue expulsado. La Pulga esperó a que el arquero Hart se jugara a una punta para definir al medio. Con el 1-0 y un hombre de más, Víctor Valdés salvó en algunas oportunidades al blaugrana, que sobre la hora consiguió el 2-0 gracias a un tanto de Dani Alves.

Casi un mes después, en la vuelta, el conjunto catalán obtuvo la clasificación a la siguiente instancia del certamen europeo.

P. D.: En 2006, Barcelona goleó 5-1 a Betis como local. A los 85 minutos, Leo marcó el último tanto del encuentro.

---

19 DE FEBRERO DE 2012 – ¡PARÁ UN POCO, CHE!

Partidazo de Leo: le convirtió cuatro tantos a Valencia y fue la gran figura del triunfo del Barça.

Fue una exhibición de goles y buen fútbol. En el Camp Nou, se lució con cuatro tantos y fue el líder de un equipo que protagonizó uno de los mejores encuentros de la temporada. Ese duelo, que finalizó 5-1 ante Valencia, significó su partido liguero número 200 (148 triunfos, 146 goles y 69 asistencias). "Está hecho para la historia del club. Tiene 24 años y un futuro para mejorar las marcas", opinó, tras la victoria, Josep Maria Bartomeu, vicepresidente de Barcelona.

P. D.: Cinco años después, le convirtió un doblete a Leganés, en un triunfo 2-1 del Barça.

---

20 DE FEBRERO DE 2008 – LA DESCOSIÓ

Como visitante, en Escocia, convirtió dos tantos ante Celtic para que el Barça llegara al centenar de victorias en Champions League.

En un partidazo, el conjunto culé pisó fuerte en tierras escocesas y se quedó con un importante triunfo 3-2. Con Leo como gran figura y autor de un doblete, el club alcanzó las 100 victorias en la competencia. Además, la Pulga llegó a seis gritos en seis partidos jugados en la Champions y quedó en lo más alto de la tabla de goleadores del certamen europeo (también, con 14 goles, se consolidó como el mayor anotador del equipo durante la temporada).

P. D.: En 2011, le convirtió un gol a Athletic de Bilbao. En 2018, le marcó por primera vez un tanto a Chelsea (fue su noveno partido ante los ingleses).

---

21 DE FEBRERO DE 2017 - *MESSINHO*

En una entrevista que le dio al diario español *As*, Tite, el técnico de la Selección brasileña, se sinceró: "Hubiera querido que Messi naciera en Brasil".

La rivalidad futbolística entre Argentina y Brasil existió desde un principio. Ya sea a nivel selecciones o clubes, siempre son especiales los encuentros entre argentinos y brasileños. Por eso, sorprendió un poco cuando Tite se deshizo en elogios hacia Leo. En la entrevista, el técnico brasileño sostuvo: "Independientemente de la gran rivalidad que existe, uno solo hace rival a quien admira, y tenemos una admiración por el argentino Messi, es impresionante. Su capacidad creativa es extraordinaria, fuera de los patrones normales. Él tiene una visión tridimensional. Logra ver lo que los otros no ven y piensa en una sintonía muy elevada. Él ve la jugada que hace, y la segunda y la tercera que vienen después".

22 DE FEBRERO DE 2006 – GOLPE DE HORNO

Ante Chelsea, por la ida de los octavos de final de la Champions League, estuvo en boca de todos por provocar la expulsión del español Asier del Horno.

En la previa era un partido caliente, un choque de estilos. Además, el año anterior, el equipo inglés había eliminado al Barça. Leo estuvo a la altura de un encuentro tan importante. Ubicado como extremo, buscó constantemente jugar el mano a mano y generarle peligro al arco rival. A los 36 minutos, llegó una recordada jugada: luego de tirarle un caño a Arjen Robben, saltó para evitar a Del Horno y este lo chocó. Tras un revuelo, el árbitro expulsó al defensor. "Messi fue listo, fue inteligente, parecía que había sido una entrada impresionante y, en realidad, no tenía nada. Lionel exageró, sin duda", explicó tiempo después el español. A partir de esa situación, fue abucheado por todo Stamford Bridge, pero no se achicó y continuó jugando de la misma manera. Finalmente, el resultado fue 2-1 a favor del conjunto culé.

P. D.: Ocho años después, por la Liga, Barcelona perdió 3-1 ante Real Sociedad, y la Pulga convirtió el único tanto.

23 DE FEBRERO DE 2016 – DESATÓ TODO SU ARSENAL

En una victoria 2-0 ante el equipo de Arsène Wenger, le marcó por primera vez a Petr Čech.

Final del maleficio para Leo. Tras seis encuentros, le pudo convertir al arquero checo y, también, marcar por primera vez en el Emirates Stadium. En esta oportunidad, se lució con un doblete ante el equipo inglés y, con un 2-0 a favor, encaminó al Barça hacia los octavos de final de la Champions, aunque todavía faltaba

el encuentro de vuelta. "La eliminatoria no está resuelta, no hay nada definido, pero es un gran resultado", explicó la Pulga tras el partido.

P. D.: Además, en 2013, en una victoria 2-1 ante Sevilla, se anotó con un tanto.

24 DE FEBRERO DE 2018 – *MATCH POINT*

En el Camp Nou, el Barça derrotó 6-1 a Girona por la Liga. Leo marcó dos golazos: uno luego de una gran jugada individual, y el otro, de tiro libre por debajo de la barrera.

Apenas comenzado el encuentro, Girona se puso en ventaja gracias a un tanto de Portu, pero la alegría le duró solo dos minutos: en el círculo central, la pelota le llegó a Leo y, con un preciso pase, dejó mano a mano a Suárez, que no falló ante la salida del arquero. De ahí en más, fue todo blaugrana. La Pulga se anotó en la goleada con dos tantos, uno mejor que otro: en el primero, a puro amague; en el segundo, con un tiro libre por debajo de la barrera, imposible para Bono (Yassine Bounou). Con la victoria, el conjunto culé le sacó diez puntos de diferencia a Atlético de Madrid, el segundo en la tabla.

P. D.: Diez años antes, en una goleada del Barça 5-0 ante Levante, Leo marcó un tanto.

25 DE FEBRERO DE 2016 – AMOR POR LA CAMISETA

Murtaza Ahmadi, el niño afgano con una bolsa de plástico que simulaba ser la remera de Argentina de Leo, cuya imagen dio la vuelta al mundo, recibió una original firmada por la Pulga.

La foto de Murtaza jugando a la pelota, con una bolsa de plástico celeste y blanca, y con un "Messi 10" escrito con marcador, rápidamente se hizo viral en las redes sociales. Días después, al enterarse de esto, Leo le envió la remera original de la Selección Argentina firmada por él. Con una publicación en Facebook, Unicef en Afganistán compartió la inmensa felicidad del chico. "Adoro a Messi y mi camiseta dice que él me quiere", contó. Finalmente, a fin de año se conocieron y hasta se dio el lujo de ingresar al campo de juego junto con su ídolo, en un amistoso que el Barça disputó en Doha.

26 DE FEBRERO DE 2012 – TE DESARMA

En el Vicente Calderón, marcó el tanto del triunfo gracias a una picardía: mientras Thibaut Courtois armaba la barrera, pateó un tiro libre que se metió en el ángulo.

El final del encuentro ante Atlético de Madrid generó mucha polémica. A los 81 minutos, con el marcador 1-1, el Barça tuvo sobre la derecha un tiro libre a su favor. Cuando todo hacía pensar que le iba a pegar Xavi, Leo se avivó y sorprendió a todos al patear sin esperar la orden del árbitro Pérez Lasa, ya que nunca hubo pedido de distancia. El remate, que se clavó en un ángulo, sorprendió al arquero Courtois, que todavía estaba armando la barrera. "Una genialidad nos dejó sin nada de nada", explicó Simeone.

P. D.: En 2011, le marcó un tanto a Mallorca. En 2017, otro a Atlético de Madrid.

27 DE FEBRERO DE 2018 – ¡EXIJO PRUEBAS!

Carlos Queiroz, exentrenador de Real Madrid, sostuvo entre risas que la FIFA no debería dejar jugar a Leo hasta que se comprobara que es verdaderamente de este planeta.

El técnico portugués, por aquel entonces en la Selección de Irán, dialogó con el sitio web de la FIFA y recordó el tanto que Leo le convirtió al país asiático en el Mundial de Brasil 2014: "Siempre digo que Messi es un jugador extraordinario, ¡no es humano! Si lo fuese, no habría tenido ese momento mágico en aquel partido. No suelo llevarme bien con la derrota, pero aquella no me dejó una sensación o imagen negativa. Cuando un momento mágico de esos acontece, es cuando sabemos que el fútbol está vivo y es por eso por lo que se trata de uno de los deportes más atractivos del mundo. Y más cuando viene de parte de un jugador que, hasta que no se pruebe que es humano, no debería ser autorizado a jugar por la FIFA".

P. D.: En 2010, en una victoria 2-1 ante Málaga, convirtió un gol tras asistencia de Dani Alves.

28 DE FEBRERO DE 2016 – PALO Y PALO

Ante Sevilla, intentó un gol olímpico que pegó en el poste y, más tarde, convirtió un golazo de tiro libre.

En el Camp Nou, Leo lideró la remontada del Barça ante el conjunto de Unai Emery. En primer lugar, casi convierte un gol olímpi-

co y, minutos después, igualó el encuentro con un gol de tiro libre al palo del arquero. Luego, participó en la jugada que finalizó en el tanto de Piqué. Con el triunfo, el equipo culé llegó a 34 partidos consecutivos sin perder, igualando la histórica marca del Real Madrid de Leo Beenhakker en la temporada 1988/89.

P. D.: En 2015 anotó un tanto en la victoria 3-1 ante Granada.

---

29 DE FEBRERO DE 2012 – LAS TRES Y DIEZ

Frente a Suiza, en Berna, convirtió por primera vez tres tantos con la Selección Argentina. Fue en un encuentro amistoso que finalizó 3-1.

Goles de todos los colores. El primero, empezando desde la derecha y rematando luego de una pared con el Kun Agüero. El segundo, tras una gran jugada individual. El último, de penal. Leo siendo Leo con la Selección Argentina, comenzando a ser valorado como se merecía en su país. "Fue la primera vez que convirtió tres goles con Argentina. Con el Barcelona lo había hecho tantas veces... pero esta fue la primera vez con la camiseta albiceleste. Luego vinieron otros tres goles a Brasil", analizó tiempo después Alejandro Sabella, entrenador de la Selección por aquel entonces.

MARZO

1° DE MARZO DE 2001 – PONELE LA FIRMA

En el hotel Rallye, rubricó su primer contrato con Barcelona: un vínculo de dos años.

Tras estar dos semanas alojado allí junto con su familia, llegó el día en que oficialmente se convirtió en un juvenil del Barça. En una mesa del comedor, bajo la atenta mirada de Joan Lacueva, firmó su primer contrato con la institución.

P. D.: Cinco años después, convirtió su primer tanto en la Selección mayor. En Basilea, Argentina perdió 3-2 un amistoso ante Croacia, y Leo señaló el 2-1 para la albiceleste. Además, en 2009 le marcó un tanto a Atlético de Madrid; en 2017, a Real Sporting de Gijón; y en 2018, a Las Palmas.

2 DE MARZO DE 2011 – MESTALLA EL CORAZÓN DE ALEGRÍA

Como visitante, marcó el único tanto que le dio al Barça la victoria ante Valencia.

Tras dos presentaciones ligueras (2-2 y 0-0), Guardiola pudo ganar por primera vez como técnico en el Mestalla ante Valencia. Lo hizo en un encuentro que se le presentó muy complicado al Barça, que recién pudo abrir el marcador a los 31 minutos de la segunda mitad con un gol de Leo, luego de un gran desborde por izquierda de Adriano.

P. D.: Otros 2 de marzo, además, marcó dos tantos: en 2013 a Real Madrid (derrota 2-1) y en 2014 a Almería (victoria 4-1).

3 DE MARZO DE 2016 – RAYOS Y TE ESTRELLA

En Vallecas, marcó un *hat-trick* ante el conjunto local. Con la victoria, el Barça alcanzó un récord histórico: 35 partidos consecutivos sin perder, superando la marca que tenía el Madrid de Beenhakker en la temporada 1988/89.

Un equipo que se transformó en leyenda. Gracias a la victoria 5-1 ante Rayo Vallecano, se convirtió en el conjunto español con más encuentros oficiales consecutivos invicto (29 triunfos y seis igualdades). Leo, por su parte, se llevó una nueva pelota firmada a su casa por los tres tantos que convirtió (como si fuera poco, le cedió un tiro libre muy cerca del área a Neymar y un penal a Suárez). Con la victoria, además, el Barça mantuvo los ocho puntos de diferencia sobre el Atlético de Madrid en su lucha por ganar la Liga.

4 DE MARZO DE 2008 – ¡QUÉ MALA PATA!

En un encuentro ante Celtic, sufrió su tercer desgarro importante en dos años. En Barcelona comenzaron a preguntarse si su alimentación y los cambios corporales que estaba viviendo no le estaban jugando una mala pasada.

"Nos habían advertido los ojeadores que el argentino era un poco especial. Un poco especial, ¿eh? Marcó dos tantos en el partido de ida, uno de ellos un golazo, pisando el balón en el área hacia atrás para abrir el ángulo, y gol. Nos ganaron 3-2. En la vuelta, casi acabando la primera parte, se lesionó. Corría con dos de los míos y debió de notar un pinchazo, justo delante de mí. Le vi que lloraba. Yo no lloré, se lo puedo asegurar. Igual no debería, pero pensé: '¡Gracias a Dios que ahora nos podemos relajar un poco, porque el que entre no será tan bueno como este!'", se sinceró tiempo después el escocés Gordon Strachan, en aquel momento técnico de Celtic. Lo cierto es que aquella lesión abrió un debate puertas adentro del club y también en los medios: ¿por qué motivo había comenzado a lesionarse tan seguido?

P. D.: Unos años después, en 2009, le convirtió un gol a Mallorca por la Copa del Rey, para igualar el encuentro y asegurar la clasificación del Barça a la final del certamen. Además, en 2017 gritó en dos ocasiones ante Celta de Vigo (victoria 5-0 por la Liga); y en 2018, frente a Atlético de Madrid (triunfo 1-0 por el torneo local).

5 DE MARZO DE 2004 – LA CONVOCATORIA

Por primera vez desde que llegó a España fue citado en el Barça B, para jugar ante Mataró.

Pere Gratacós, el entrenador de aquel equipo, se acercó a la Pulga tras una práctica y le dijo:

–Leo, ¿qué tal?

–Bien, bien, míster.

—El domingo vas a jugar. Tranquilo, tienes que jugar igual que estás entrenando.

—Vale, vale, míster.

—Y no te preocupes si por lo que sea no juegas bien o no va bien. El siguiente domingo vas a volver a jugar de titular. Y si el siguiente no juegas bien, también vas a continuar entre los once. Ahora sí, si dentro de cuatro partidos no has mejorado lo del primero, te devuelvo al Juvenil.

—Vale, de acuerdo, muchas gracias, míster.

—Estás más fuerte, te veo casi al nivel físico de los demás, que era lo que más me preocupaba. Juega como estás entrenando.

—Bueno.

6 DE MARZO DE 2001 – LICENCIA PARA GANAR

Mientras aguardaban que Newell's enviara el transfer internacional, la Federación Catalana de Fútbol le otorgó un permiso provisional para que pudiera jugar.

El documento, que cuenta con el número 1001, muestra la cara de un joven Leo en el margen superior derecho, y debajo su firma: "Lionel Messi", escrito en cursiva.

P. D.: Un 6 de marzo, además, convirtió dos dobletes, ambos por la Liga: Almería (2010) y Eibar (2016).

7 DE MARZO DE 2012 – *HIGH FIVE*

Memorable: por los octavos de final de la Champions League, le marcó cinco tantos a Bayer Leverkusen y se convirtió en el primer jugador de la historia en lograrlo en esa competencia.

El Barça arrasó 7-1 a Bayer con un antológico repóker de Leo. En una exhibición de fútbol y goles, guio al conjunto culé a los cuartos de final de la Champions por quinto año consecutivo. Nadie, hasta el momento, había logrado marcar esa cantidad de tantos en la competencia (solo Soren Lerby y José Altafini, pero por la Copa de Europa). Tras la victoria, Pep opinó sobre él: "Es el mejor, no hay otro, soy un privilegiado porque siempre podré decir que yo entrené a Messi. Es único por su talento innato y por su capacidad competitiva contra sí mismo, por demostrar que es el mejor. ¿Si veremos otro como él? Nosotros no, pero siempre sale otro: pasó con Di Stéfano, Pelé, Cruyff y Maradona".

P. D.: Tres años antes, Barcelona derrotó 2-0 a Athletic de Bilbao, y la Pulga marcó un tanto de penal.

---

8 DE MARZO DE 2017 – MILAGROS INESPERADOS

Partido histórico ante Paris Saint-Germain por la Champions League: tras perder 4-0 en el encuentro de ida como visitante, el Barça ganó 6-1 con tres goles sobre la hora y protagonizó una epopeya. Leo, de penal, marcó el 3-0 parcial.

Parecía imposible, pero se dio. Luego de perder 4-0 en la ida de los octavos, ni el culé más optimista se imaginó un final así. A pesar del tempranero gol de Suárez, el Barça no pudo convertir más hasta los 40 y 50 minutos, cuando un tanto en contra de Layvin Kurzawa y otro de la Pulga lo dejaron a uno de forzar la definición por penales. Sin embargo, Edinson Cavani, en un ataque aislado, marcó el 3-1 que obligaba al local a hacer ¡tres más para pasar de ronda! El milagro, finalmente, sucedió. A los 88 y 91, Neymar dejó a Barcelona a un solo grito de la histórica clasificación. Cuando iban 95, y el encuentro ya se terminaba, apareció Sergi Roberto para convertir y desatar la euforia en el Camp Nou. Los festejos en el campo de juego y en las tribunas no se hicieron esperar: abrazos, lágrimas de emoción y sonrisas de oreja a oreja. Sobre el final, una foto que quedó en el recuerdo para siempre: Leo, de pie sobre los carteles, gritando y golpeándose el pecho, ante su público, que se abalanzaba sobre él.

P. D.: En 2011, le marcó un doblete a Arsenal por la Champions. En 2015, un *hat-trick* a Rayo Vallecano por la Liga.

---

9 DE MARZO DE 2013 – BANCO MUNDIAL

Comenzó el encuentro ante La Coruña como suplente, y 30 minutos le alcanzaron para marcar un golazo y lograr un récord histórico: 17 partidos consecutivos convirtiendo en la Liga.

El Barça estaba con la cabeza puesta en el choque ante Milan por los octavos de final de la Champions. Como en la ida había perdido 2-0, en el Camp Nou estaba obligado a dar vuelta el resultado (finalmente ganaría 4-0). Ante este panorama, el técnico Roura decidió cuidar a los titulares, por lo que Leo fue al banco de suplentes por segunda vez en la Liga. A los 62 minutos ingresó por Villa y, sobre el final, convirtió un golazo tras una pared con Alexis Sánchez. De esa manera, alcanzó su 17ª jornada consecutiva convirtiendo, y así batió la marca del polaco Teodor Peterek entre 1937 y 1938.

10 DE MARZO DE 2018 – SU MEJOR *HAT-TRICK*

La familia sumó un nuevo integrante: en el Hospital USP Dexeus de Barcelona nació Ciro, su tercer hijo.

"¡Bienvenido, Ciro! Gracias a Dios salió todo perfecto. La mamá y él están muy bien. Estamos superfelices", publicó Leo en su cuenta de Instagram bajo una foto de su mano y la del recién nacido. Más tarde, Antonela también compartió una imagen en la que se podía ver a la familia entera: además de Ciro y ellos dos, estaban Mateo y Thiago disfrutando de la llegada de su nuevo hermano.

P. D.: Partido consagratorio. En 2007 le convirtió un *hat-trick* al Madrid para evitar una derrota como local (fueron sus primeros goles en el clásico). Tras marcar dos tantos, el Barça perdía 3-2, pero Leo apareció sobre la hora: recibió un pase al medio de Ronaldinho, aceleró, dejó a Iván Helguera tirado en el suelo y, con un zurdazo potente y preciso, convirtió el 3-3 final que tuvo sabor a victoria. "Grandioso Messi", tituló *Mundo Deportivo.*

11 DE MARZO DE 2012 – EL PESCADOR

En el Nuevo Sardinero, convirtió un gol empujándola debajo del arco y otro de penal.

Ante Racing de Santander, el Barça consiguió un importante triunfo como visitante. Leo, autor de un doblete (uno tras un centro de Cesc y el otro desde los doce pasos), fue la gran figura del encuentro. Con estos dos tantos, llegó a los 50 goles en la temporada y quedó a tan solo cinco gritos de alcanzar el récord de César Rodríguez como el máximo anotador histórico del club.

P. D.: En 2009, el Barça venció 5-2 a Olympique de Lyon con un tanto de la Pulga. Además, en 2011, fue nombrado embajador de buena voluntad de Unicef.

12 DE MARZO DE 2013 – PASTA DE *CRACK*

Tras perder 2-0 el partido de ida en Italia, el Barça venció 4-0 a Milan con un doblete de Leo y se clasificó a los cuartos de final de la Champions League.

Histórica remontada culé. Luego de la derrota en el San Siro, durante tres semanas se habló en los medios de comunicación sobre las posibilidades que tenía Barcelona de dar vuelta la serie. Con la Pulga como líder y autor de dos tantos, tardó solo 40 minutos en ponerse 2-2 en el global. En la segunda mitad, Villa y Jordi Alba completaron la goleada. "De Leo se especuló que no estaba bien físicamente. Si alguien tenía alguna duda, nos ha dado una lección magistral. Es un jugador fuera de lo común. En las grandes citas y rodeado de los compañeros que tiene, es capaz de hacer lo que ha hecho hoy", explicó el técnico Jordi Roura.

P. D.: En 2010 recibió por segunda vez en su carrera el trofeo EFE al mejor jugador iberoamericano. Además, en 2014, le marcó a Manchester City; y en 2016, a Getafe.

---

13 DE MARZO DE 2017 – LO DEJÓ ASENTADO

En una distendida entrevista que le dio a un programa uruguayo junto con Luis Suárez, Leo confesó que ¡hace pis sentado! El diálogo se hizo rápidamente viral por las redes sociales.

Durante el reportaje en *Por la camiseta*, para el Canal 10 de Montevideo, la Pulga tenía que responder cosas sobre Suárez y viceversa. Luego de contestar sobre los gustos del otro, como por ejemplo cuál era su postre favorito, tuvo que decir cómo hacía pis su compañero. En ese momento, Leo miró a su amigo y le preguntó: "¿Qué? ¿Vos meás sentado? Yo también". Tras las risas de todos los presentes, explicó: "Es más cómodo, te levantás a la mañana, todo dormido... La mandás así para abajo, ja, ja, ja, ja".

---

14 DE MARZO DE 2018 – *ME100*

Otra actuación estelar de Leo en Champions: ante Chelsea marcó dos tantos por debajo de las piernas de Courtois, llegó al centenar de goles en la competencia europea y, además, le dio al Barça la clasificación a cuartos de final.

Tras igualar 1-1 en la ida en Londres, el equipo culé recibió al conjunto inglés en el Camp Nou, en busca del pase a la siguiente instancia. A los dos minutos, Leo abrió el marcador con un derechazo (el gol, que fue el más rápido en su carrera, se lo dedicó a Ciro, su hijo recién nacido). Luego asistió a Ousmane Dembélé y, en la segunda mitad, convirtió el 3-0 de la misma forma: con un remate por debajo de las piernas de Courtois. "La verdad es que es una linda alegría poder llegar a los cien goles en esta competición tan hermosa e importante. Como equipo estuvimos muy fuertes, hicimos un partido muy difícil y jugamos contra un grandísimo conjunto, con jugadores muy buenos, y lo sacamos adelante. Por suerte se nos puso a favor temprano y lo manejamos bien", explicó la Pulga.

P. D.: En 2010 le marcó un *hat-trick* a Valencia y, en 2015, un doblete a Eibar.

---

15 DE MARZO 2017 – LEO DE LA PAZ

En su condición de embajador de Unicef, pidió por el fin de la guerra en Siria.

Desde su cuenta oficial de Facebook, les solicitó a sus seguidores que se unan a él para pedir el cese del conflicto armado: "Un día de guerra es demasiado. Los niños de Siria llevan seis años sometidos a la violencia y crueldad de un conflicto que los tiene como rehenes. Suma tu voz a Unicef para exigir el fin".

---

16 DE MARZO DE 2014 – LEGENDARIO

Con un *hat-trick* ante Osasuna, superó a Alcántara como el máximo goleador de la historia del Barça.

El mejor jugador de todos los tiempos batió un otro récord. Ante el conjunto de Pamplona, el equipo culé se quedó con la victoria 7-0, pero la goleada no fue la principal noticia de la jornada. Leo, al convertir tres tantos, superó la marca que Paulino Alcántara tenía desde principios del siglo XX y, con 371 gritos, se ubicó como el máximo goleador de la historia del club catalán, y con tan solo 26 años. Justo después de marcar su segundo gol, el Barça lo homenajeó con una imagen suya en la pantalla gigante del Camp Nou. "Venía escuchando y leyendo durante la semana este récord y me hace feliz estar en la historia. Nos toca disfrutar del momento", explicó después del encuentro. Cuando le preguntaron a Martino sobre la Pulga, el técnico aseguró: "Se acaban las palabras. No sé qué puedo agregar a lo que hace él para el Barça y el mundo del fútbol. Seguirá batiendo récords cada vez que se le pongan por delante".

P. D.: En 2016, Barcelona derrotó 3-1 a Arsenal y se clasificó a los cuartos de final de la Champions. Leo convirtió un tanto.

17 DE MARZO DE 2001 – UN ARGENTINO SUELTO

La primera vez que se habló acerca de él en un medio español fue en el diario catalán *Mundo Deportivo*.

La nota, bajo el título "Un argentino a la cantera", se destaca, principalmente, por un llamativo error, ya que Leo fue mencionado como "Lioner Messi Pérez". Además, comparte la página número 14 del diario con otro argentino, César Luis Menotti, que afirmaba ser el mejor técnico para Barcelona. A continuación, la nota completa, una verdadera perlita: "Lioner Messi Pérez es la nueva joya de la cantera azulgrana. Este joven mediapunta argentino de trece años procede de River Plate y ya se ha comprometido con el Barça. En la actualidad está entrenando con los infantiles que dirige Rodolfo Borrell, en los que estuvo a prueba hace unos meses. Ahora ya ha convencido a los servicios técnicos, que ven en él a un jugador rápido y vertical, a pesar de su menudo cuerpo".

P. D.: En esta fecha, además, le convirtió un gol a Recreativo de Huelva en 2007; dos a Stuttgart por los octavos de final de la Champions en 2010; un tanto a Sevilla en 2012; y un doblete a Rayo Vallecano en 2013.

18 DE MARZO DE 2018 – EL BAILE DE LA GAMBETA

Tras convertir el 2-0 ante Athletic de Bilbao, sorprendió a todos con un bailecito para festejar el tanto.

A los 30 minutos del primer tiempo, cuando el encuentro estaba 1-0 a favor del Barça, quedó libre en la medialuna del área y, con un rasante y potente zurdazo, marcó el 2-0 final. Lo curioso apareció a la hora del festejo: tras recibir los abrazos de sus compañeros, se inclinó un poco hacia adelante y movió los hombros, sorprendiendo a todos con un nuevo paso. Inmediatamente, señaló hacia una de las plateas del Camp Nou y, acto seguido, apuntó al cielo con sus manos para dedicarle, como siempre, la conquista a su abuela Celia.

19 DE MARZO DE 2017 – DOBLE O NADA

Con sus dos tantos ante Valencia, llegó a su partido número 100 marcando por duplicado.

Barcelona estaba obligado a ganarle al conjunto che para no perderle pisada al Madrid, que lideraba la tabla de la Liga. Leo, en un nivel superlativo, fue fundamental para la victoria 4-2. Con los dos tantos que anotó (uno de penal, otro luego de una asistencia de Mascherano), alcanzó una llamativa marca: 100 dobletes con los colores blaugranas. Además, llegó a 41 tantos en 40 partidos jugados en la temporada, por lo que Luis Enrique, tras el encuentro, opinó: "Veíamos un póster de Alcántara con más de 300 goles y decíamos: ¡bah!, eso con dos defensas... Messi ha destrozado esas cifras contra defensas de diez".

---

20 DE MARZO DE 2012 – EL *BOOM* MESSI

Tras marcar un *hat-trick* ante Granada, se convirtió en el máximo goleador de la historia en partidos oficiales del Barça, al superar los 232 tantos de César Rodríguez.

Fue un día histórico. En el Camp Nou se vivió una jornada inolvidable. Con un solo tanto igualaría el récord de César Rodríguez, delantero que en 14 temporadas en el club (1939-1940 y 1942-1955) convirtió 232 goles. Pero Leo siempre sorprende, y no le bastó con alcanzarlo, sino que marcó por triplicado, por lo que llegó a 234 gritos, convirtiéndose en el máximo anotador en partidos oficiales con la camiseta blaugrana. "A Messi se le puede comparar con Michael Jordan", se sinceró Guardiola tras el encuentro.

P. D.: En 2013, en Buenos Aires, durante la previa de un encuentro ante Venezuela por Eliminatorias, se tatuó el nombre y las manos de su hijo Thiago en su pierna izquierda.

---

21 DE MARZO DE 1994 – UNA FICHA ROJINEGRA

Antes de cumplir siete años, fue inscripto en Newell's, donde jugó con compañeros que eran dos años mayores que él.

El documento, bajo el número 99.231, tenía su nombre escrito de puño y letra, y la firma de sus padres. Aquel día, Leo, un niño de apenas 1,22 metros de altura, fue anotado oficialmente por Newell's, equipo del cual es hincha. "Cuando teníamos 11 años, jugamos un torneo en Balcarce y fuimos el comentario de todos. Me acuerdo de que Messi hizo un desastre. Después de que la agarraba, los rivales sacaban del medio. A veces, los del fondo nos aburríamos mucho porque casi todo lo resolvía él", recordó, en una oportunidad, el defensor Lautaro Formica, que además compartió con la Pulga el plantel argentino que obtuvo la Copa Mundial Sub 20 de 2005, disputada en Holanda.

P. D.: Dieciséis años después, en 2010, le convirtió un triplete a Zaragoza por la jornada 27 de la Liga. El resultado final fue 4-2 a favor del Barça.

---

22 DE MARZO DE 2015 – MÁS PUNTEROS QUE NUNCA

Importante triunfo 2-1 ante Real Madrid para alejarse en la cima de la Liga.

En el clásico entre los dos equipos más poderosos de España se disputaron más que tres puntos: para el Barça era la oportunidad de sacarle más ventaja al Madrid, mientras que su rival quería acercarse. En un encuentro muy parejo, el conjunto culé se quedó con un importante triunfo y llegó a las 68 unidades en la Liga. Leo, que jugó de menor a mayor, fue clave para abrir el marcador: a los 19 minutos, un preciso centro suyo encontró la cabeza del francés Jérémy Mathieu. En la segunda mitad, ya con el resultado 2-1, se hizo cargo del equipo y tuvo más participación con el balón.

P. D.: En esta misma fecha convirtió dos tantos: en 2009 ante Málaga; y en 2013, frente a la Selección de Venezuela.

---

23 DE MARZO DE 2014 – OTRA PÁGINA DE ORO

Partido antológico: un *hat-trick* para derrotar 4-3 a Real Madrid y superar a Di Stéfano como el máximo goleador en la historia de los clásicos.

Con tres tantos memorables, reafirmó su condición de leyenda en el mismísimo Bernabéu. En una exhibición de fútbol y personalidad, lideró al Barça a una histórica victoria. Iniesta abrió el marcador tras una asistencia de Leo y, luego de una lluvia de goles (incluyendo uno de la Pulga), el Madrid había quedado 3-2 arriba. Sin embargo, todavía faltaba lo mejor: a los 65 y a los 84 minutos, tomó la responsabilidad de patear dos penales y los convirtió. Tras el *hat-trick*, superó a Di Stéfano como el mayor anotador en los clásicos, con 21 gritos. Además, hizo que el conjunto blaugrana quedara a una unidad del Madrid en la cima de la tabla de la Liga. "Este equipo siempre responde en las grandes ocasiones. Ahora hay que olvidar lo que ha pasado en Madrid y pensar en lo que viene", explicó tras el triunfo.

P. D.: Tres años después, en el estadio Monumental, Argentina derrotó 1-0 a Chile por Eliminatorias, y Leo, de penal, convirtió el único tanto. Luego del encuentro, la Comisión de Disciplina actuó de oficio y lo sancionó con cuatro partidos, más 10.000 francos suizos de multa, por un supuesto insulto al juez de línea brasileño Emerson Augusto do Carvalho. Tras la apelación, se constató que el agravio fue al aire, por lo que la Pulga pudo volver a vestir la camiseta celeste y blanca ante Uruguay, en el Centenario.

24 DE MARZO DE 2012 – SIN QUERER QUERIENDO

En una jugada confusa, ejecutó un tiro libre desde la derecha y, a pesar de que quiso lanzar un centro, la pelota se metió en el arco sin que la tocara nadie.

Ante Mallorca, el Barça sumó tres puntos importantes en su lucha por ganar la Liga. Leo, determinante en todas las conquistas, fue el mejor de la cancha. En primer lugar, el marcador se abrió gracias a una particular jugada: lanzó un tiro libre desde la derecha, Chico saltó con Sergio sin que ninguno tocara la pelota y, en un primer momento, pareció que el chileno Alexis Sánchez la había rozado. Sin embargo, en todas las repeticiones de la televisión no se llega a ver con claridad si la tocó. El árbitro le dio el gol a la Pulga. Ya sobre el final, cuando el equipo de Guardiola estaba con diez jugadores por la expulsión de Thiago, volvió a ser decisivo, ya que Piqué convirtió tras capturar el rebote de un zurdazo suyo que pegó en el palo.

25 DE MARZO DE 2018 – JUEGO DE LAS ESTRELLAS

Sergio Hernández, reconocido entrenador de básquet, visitó al plantel de la Selección Argentina y, cuando fue consultado por Leo, lo comparó con el legendario Michael Jordan.

Argentina se encontraba entrenando en Madrid, preparando un encuentro amistoso ante el seleccionado local. Hasta allí se acercó Sergio Hernández, entrenador de la Selección de básquet. Tras ver la práctica y charlar con Jorge Sampaoli, fue consultado sobre la Pulga: "Yo lo vi bárbaro. No estoy acostumbrado a observarlo siempre a Leo, pero para mí parecía Michael Jordan. Volaba. Aparte hizo toda la práctica, metió goles, la verdad es que lo vi hacer de todo. Cuando salió, nos quedamos charlando un rato, nos habíamos cruzado una vez en los Juegos Olímpicos del 2008, pero fue lindo volver a hablar con él. Lo vi a pleno, como todo el plantel: muy felices y enchufados. Eso es muy bueno".

26 DE MARZO DE 2018 – MAL *TIMING*

En una entrevista que le dio a *Fox Sports*, recordó su renuncia a la Selección Argentina y se sinceró: "Me dio hasta vergüenza cómo se dio todo".

Había pasado un tiempo considerable de su renuncia. Con Argentina ya clasificada al Mundial de Rusia, salió a contar un poco sus sensaciones sobre aquella fatídica noche en Estados Unidos. "Seguro alguno habrá pensado 'es para desviar el foco', pero no, fue sincero y real lo que sentí en ese momento. Le erré al decirlo así en caliente, pero gracias a Dios pasó y hoy es otro momento. Estamos a punto de jugar otra Copa del Mundo". Además, explicó el motivo que lo llevó a tomar una decisión tan drástica: "Fue por todo lo que pasó, era la tercera seguida ya. Lo sentía de esa manera. Y también es verdad que cuando volví a ver a la Selección, me arrepentí: pasó tiempo, olvidé un poco esa final, el penal y todo. Eso me dio ganas de estar otra vez". Por último, manifestó: "Me dio hasta vergüenza por cómo se dio todo, que la gente pensara que fue una coartada al grupo. Nada que ver, el error quizá fue decirlo en ese momento".

P. D.: En 2014, por la Liga, le convirtió un tanto a Celta de Vigo en un triunfo 3-0.

27 DE MARZO DE 2017 – LO LEO Y NO LO CREO

En Barcelona, el periodista Guillem Balagué presentó el libro *Messi*, primera biografía autorizada que cuenta la vida de la Pulga.

La obra, dividida con dos partes (una con relatos de su infancia en Rosario; la otra, desde su llegada a España), fue presentada en la Casa del Libro en Barcelona con Xavi Llorens, primer entrenador que tuvo en el club catalán, como invitado. "Era un niño adulto, lo mismo que ahora, que aún sigue siendo un chaval con responsabilidades de hombre, pero por aquel entonces tuvo que decidir separarse de toda su familia, y eso con tan solo 12 años", contó durante el evento.

28 DE MARZO DE 2009 – LA NOCHE DEL DIEZ

En el debut de Maradona como técnico de la Selección, Leo se robó todos los flashes: un gol y una asistencia en la goleada 4-0 ante Venezuela.

El país soñaba con aquella dupla. En el banco, Diego, y en la cancha, la Pulga, los dos números 10 juntos en la Selección. Y la cosa empezó bien en la cancha de River: con un gran funcionamiento colectivo, el equipo se lució y se quedó con el triunfo 4-0. Con un tanto y una asistencia después de una gran corrida, fue el mejor jugador del encuentro. "Verlo a Messi así todos los días es un placer. Tendríamos que salir todos de la cancha, pagar otra vez y volver a entrar", explicó Maradona luego del encuentro. Por su parte, Leo manifestó: "Me dio mucha alegría que Diego me diera la 10. Las dos camisetas que usé serán para mi mamá y mi hermano".

29 DE MARZO DE 2016 – SIGUE SUMANDO

De penal, ante Bolivia, convirtió su gol número 50 con la albiceleste. El resultado final fue 2-0.

El grito de "Messi, Messi" resonó en toda Córdoba. Ante Bolivia, Leo fue la gran figura del encuentro y, además, quedó a cuatro tantos de Gabriel Batistuta, máximo anotador en la historia de la Selección. Con el triunfo, Argentina se acomodó en la tabla de las Eliminatorias, ya que alcanzó los 11 puntos y quedó a dos de Ecuador y Uruguay, punteros por aquel entonces. "Por ahora estamos en el Mundial, pero esto es muy largo. Conseguimos lo que pretendíamos, que es los seis puntos. Veníamos de menor a mayor. Pudimos tener un poco más la pelota, Bolivia no presionó como Chile y pudimos jugar un poco más", sostuvo tras el partido.

P. D.: Dos años antes, Barcelona había derrotado 1-0 a Espanyol. Leo, de penal, marcó el único gol de la jornada.

30 DE MARZO DE 2013 – TODO RIVAL LA LIGA

Con un tanto ante Celta de Vigo sumó otro récord: les marcó a todos los rivales en 19 jornadas consecutivas de la Liga.

En el Estadio de Balaídos, el local le igualó sobre la hora el partido al Barça, pero el foco de atención estuvo puesto en un nuevo logro de Leo (un gol y una asistencia a Tello). Tras iniciar su camino con un doblete ante Mallorca, frente al conjunto de Abel Resino completó una vuelta de la Liga convirtiéndoles a todos los rivales. Fueron 19 partidos consecutivos marcando, siempre a equipos distintos (en total gritó 30 tantos, distribuidos entre un póker, ocho dobletes y diez encuentros en los que marcó una vez).

Ante Sevilla, comenzó sentado en el banco de suplentes e ingresó cuando su equipo perdía 2-0: sobre la hora, convirtió el tanto que le dio al Barça la igualdad y la posibilidad de seguir invicto en la Liga.

Con un Leo heroico, el conjunto de Valverde logró empatar en el final y alcanzar su partido número 37 sin derrotas. A los 13 minutos de la segunda mitad, la Pulga ingresó a la cancha por Dembélé y cambió el rumbo. A los 88, descontó Suárez. A la siguiente jugada, Leo igualó con un zurdazo desde afuera del área un encuentro que parecía perdido. "Messi levanta a cualquier equipo, el Barça ha sido otro con él", explicó Vincenzo Montella, entrenador de Sevilla.

P. D.: En 2007 le marcó un tanto a Deportivo La Coruña. En 2012, otro a Athletic de Bilbao.

MESSI
10
unicef

ABRIL

1° DE ABRIL DE 2009 – NO ESTUVO A LA ALTURA

Sorpresa para todos: en La Paz, Argentina cayó 6-1 ante Bolivia por las Eliminatorias. Leo, que jugó los 90 minutos, no tuvo un buen rendimiento y padeció la altitud.

Para la mayoría de las selecciones sudamericanas, jugar de visitante ante Bolivia, con los temibles 3650 metros de altura, siempre se presentó como una parada muy brava. A pesar de eso, la derrota –y la forma en que se dio– sorprendió a todos. Con una imagen totalmente desdibujada, Argentina fue vapuleada por su rival y cayó 6-1 (desde 1993, ante Colombia, que no perdía por cinco tantos de diferencia). Leo, que disputó el partido completo, se vio afectado por las condiciones y nunca pudo encontrar su mejor forma: "Personalmente creo que es imposible jugar ahí, aunque hay otros futbolistas que van y lo hacen. Igualmente, eso no puede ser excusa por la derrota", afirmó.

2 DE ABRIL DE 2013 – ¡QUÉ LO PARÍS!

De visitante ante PSG, por la ida de los cuartos de final de la Champions League, marcó un tanto, pero se lesionó y fue reemplazado en el entretiempo.

En el Parque de los Príncipes, cuando el local estaba llevando riesgo al arco del Barça, Leo apareció para convertir el primer gol de la serie: tras gran pase de Dani Alves, definió con un zurdazo cruzado ante la estirada de Salvatore Sirigu. Minutos más tarde, se lo vio dolorido, tomándose el bíceps femoral, por lo que tuvo que ser reemplazado (el encuentro finalizó 2-2). A pesar de los rumores que indicaban que se perdería la vuelta, al día siguiente se realizó estudios que confirmaron que solo tendría que ausentarse ante Mallorca. Una semana después, cuando los culés recibieron a PSG en el Camp Nou, fue al banco e ingresó en la segunda mitad por Fàbregas.

3 DE ABRIL DE 2012 – DESDE LOS DOCE PASOS

Por la vuelta de los cuartos de final de la Champions, le convirtió dos tantos de penal a Milan para clasificarse por quinta vez consecutiva a semifinales.

Luego de igualar 0-0 en la ida, el Barça le ganó 3-1 al conjunto italiano en España. Con dos goles, la Pulga fue fundamental en la clasificación culé (un penal lo pateó al palo derecho del arquero y el otro lo cruzó). Tras el 3-1, Iniesta opinó sobre el momento de Leo: "Con la edad que tiene, pulverizará todos los récords".

P. D.: Dos años antes, Barcelona, con un tanto de la Pulga, derrotó 4-1 a Athletic de Bilbao.

4 DE ABRIL DE 2018 – ROMANCE ETERNO

En la previa de un encuentro ante la Roma, recibió una plaqueta por llegar a 100 goles en la Champions y fue ovacionado por todo el Camp Nou.

Un récord más que trajo otro reconocimiento para Leo. Luego de alcanzar los 100 tantos en la máxima competencia europea, fue homenajeado ante un estadio que lo ovacionó. La placa, entregada por su excompañero Carles Puyol, tenía grandes letras en amarillo con su apellido y el número 100 con dos imágenes suyas: a un costado, su primer grito en la competencia; en el otro, la foto del último, convertido ante Chelsea. En cuanto al partido, Barcelona se alzó con la victoria 4-1, pero, una semana después, cayó 3-0 en Italia y se quedó afuera del certamen.

5 DE ABRIL DE 2017 – EL GUERRERO

Ante Sevilla, marcó un doblete y se lo dedicó a los chicos que padecen cáncer.

En el Camp Nou, el Barça se quedó con nuevo triunfo 3-0. Leo, tras su primera conquista, festejó haciendo el gesto de la iniciativa *#ParaLosValientes*, que buscaba recaudar fondos para construir en Barcelona el hospital de cáncer infantil más importante de Europa (Messi había sido protagonista de la campaña audiovisual junto a distintos chicos). Llevándose la mano a la cara, se dibujó dos rayas como los antiguos guerreros, en otro acto más de empatía.

P. D.: En 2014 le convirtió dos tantos de penal a Betis (victoria 3-1).

6 DE ABRIL DE 2010 - *FOUREVER*

En una actuación que quedó en la memoria de todos, le convirtió cuatro tantos a Arsenal. "Es un futbolista de PlayStation", lo definió Arsène Wenger.

Con un póker, Leo liquidó todas las esperanzas del conjunto inglés. Tras el encuentro de ida en Londres, donde empataron 2-2, la serie había quedado abierta. A los 18 minutos del primer tiempo, cuando Bendtner puso el 1-0 para Arsenal, parecía que el partido se le complicaba al Barça, pero ahí apareció él. En una *performance* legendaria, marcó cuatro tantos para ganar 4-1 y clasificar al equipo culé a las semifinales de la Champions League. Tras el encuentro, Wenger fue consultado sobre el extraordinario rendimiento de la Pulga: "El primero es uno de esos tantos que parecen imposibles de lograr, pero él va y lo marca. Messi es un jugador excepcional en un equipo excepcional. Cuando se da esta circunstancia, un futbolista como él suele marcar la diferencia. Leo es joven y ojalá no se trunque su carrera. Tiene siete o más años por delante para seguir ofreciendo cosas increíbles".

7 DE ABRIL DE 2018 - A LEO NO LEGANÉS

Hat-trick para vencer 3-1 al conjunto de Asier Garitano y llegar a los 38 partidos invictos en la Liga, igualando el histórico récord que alcanzó Real Sociedad entre 1979 y 1980.

Con una actuación sensacional ante Leganés, Leo dejó al Barça más cerca de gritar campeón y le permitió continuar su andar invicto en la Liga, llegando a 38 partidos y alcanzando la histórica campaña que había hecho, 38 años antes, Real Sociedad. Con los tres tantos, logró su cuadragésimo *hat-trick*, igualó a Salah (29) en la carrera por la Bota de Oro y, habiendo marcado uno de tiro libre, llegó a los seis goles de esa forma durante una misma Liga, idéntica marca que Ronaldinho registró en la temporada 2006/2007.

P. D.: Como visitante, en 2012, le marcó un doblete a Zaragoza, en una victoria 4-1.

8 DE ABRIL DE 2009 - 45 MINUTOS PERFECTOS

Actuación maravillosa de Leo: dos goles y una asistencia para derrotar 4-0 a Bayern Munich en los cuartos de la Champions. "Fue la mejor mitad de la historia del club", afirmó Laporta.

En la previa, el equipo alemán se presentaba como un rival muy peligroso para el Barça, pero adentro de la cancha no hubo equivalencias. Con un fútbol de alto vuelo, no solo goleó 4-0 y quedó a un paso de las semifinales, sino que jugó 45 minutos brillantes, que con el paso del tiempo se convirtieron en leyenda. Una noche para el recuerdo, en la que Leo fue la gran figura que se robó todos los flashes. Con una precisa definición puso el 1-0; luego asistió a Eto'o; más tarde, la empujó para el 3-0; y, sobre el final de la primera mitad, protagonizó una gran jugada individual que terminó en gol de Henry. "Cuando se ponga en Google, 'el mejor jugador del mundo' debería salir Messi, sin discusión. Eso no hay ni que buscarlo, ya se sabe", escribió al día siguiente Santi Nolla, director de *Mundo Deportivo*.

9 DE ABRIL DE 1994 – UNA PULGUITA

Tras ser fichado en la Asociación Rosarina de Fútbol, debutó en Newell's ante Pablo VI. La Lepra ganó 6-0, con cuatro tantos de él.

En 2014, la Asociación Rosarina de Fútbol encontró los números exactos de la Pulga en Newell's. A partir de eso, se supo que, entre marzo de 1994 y octubre de 1999, convirtió 234 tantos, dando como resultado un promedio de 1,32 goles por encuentro. Además, se publicó que disputó su primer partido oficial con la camiseta de la Lepra el 9 de abril ante Pablo VI, cuando marcó cuatro tantos.

P. D.: En 2011, por la Liga, le convirtió dos tantos a Almería, en un triunfo 3-1.

10 DE ABRIL DE 2010 – EL VERDUGO

Otra vez volvió a ser clave ante Real Madrid: en el Santiago Bernabéu, metió un tanto en la victoria 2-0 del Barça.

Desde el inicio, el Madrid intentó frenarlo sistemáticamente con faltas, pero no lo logró. La Pulga le respondió con fútbol y un golazo: tras una gran pared con Xavi, definió ante la salida de Casillas para alcanzar su séptima conquista ante el Merengue. Luego, en la segunda mitad, Pedro puso el 2-0 final. Con la victoria, el equipo de Pep Guardiola ganó en el Bernabéu por segundo año consecutivo y, como ambos equipos habían llegado igualados con 77 puntos en la cima de la Liga, le sacó tres unidades a su clásico rival a falta de siete jornadas. Una vez consumado el triunfo, le preguntaron a Leo quién era mejor, entre CR7 y él: "Yo no soy superior a Cristiano Ronaldo, el Barça es superior al Real Madrid". Además, en cuanto al encuentro, explicó: "La verdad es que tengo muchos motivos para estar contento, porque el partido fue perfecto y hemos podido marcar dos goles".

P. D.: En 2012, Barcelona goleó 4-0 a Getafe con un tanto de la Pulga.

11 DE ABRIL DE 2013 – EL REY DE DAVID

En una entrevista a Télam, David Beckham elogió a Leo: "Simplemente, Messi es el mejor jugador del mundo".

Durante 2013, el inglés, entonces jugador del París Saint-Germain, tuvo que enfrentarse ante la Pulga en los cuartos de final de la Champions League. "Estábamos ganando antes de que entrara y luego, cuando Messi ingresó, nos hicieron un gol", explicó. Al ser consultado sobre el presente de Leo, sostuvo: "Es un jugador único en su clase, es imposible que haya otro que se le parezca. Tanto él como Cristiano Ronaldo, que igualmente no llega a su altura, están por encima del resto. Pueden tener similitudes de técnica y talento, es alucinante para el fútbol tenerlos a los dos, pero Messi es el mejor jugador del mundo, simplemente".

P. D.: En 2015, en un empate 2-2, le marcó un tanto a Sevilla.

12 DE ABRIL DE 2011 – EL 48 ESTÁ CARGADO

Tras marcarle un tanto a Shakhtar Donetsk, se convirtió en el máximo artillero en una temporada y condujo al Barça a las semifinales de la Champions.

Luego del 5-1 conseguido en la ida, todo parecía indicar que Pep lo iba a cuidar en la vuelta de los cuartos de final, en Ucrania. Pero él siempre juega, siempre quiere estar presente. Y, en la ciudad donde debutó en la Champions, escribió otra página dorada en su carrera: tras marcar el único tanto de la noche, alcanzó las 48 conquistas y batió el récord de goles en una temporada. Su grito, además, sirvió para asegurar la clasificación a las semifinales (la cuarta consecutiva), donde lo estaba esperando nada más ni nada menos que el eterno clásico, Real Madrid.

13 DE ABRIL DE 2016 – EN EL CAMINO

Con dos tantos de Antoine Griezmann, Atlético de Madrid eliminó al Barça de la Champions.

El equipo del Cholo Simeone dio la sorpresa. Con una gran actuación, ganó 2-0 el encuentro de vuelta por los cuartos de final y obtuvo el pase a las semis con un global de 3-2. La Pulga, que no pudo mostrar un buen nivel para evitar la derrota del Barça, alcanzó su quinto partido consecutivo sin convertir, por lo que siguió anclado en los 499 goles en su carrera deportiva.

14 DE ABRIL DE 2012 – PARA QUE EL BARÇA LEVANTE

En Valencia apareció en un momento clave: convirtió dos tantos para dar vuelta el marcador y alcanzó las diez fechas consecutivas anotando.

En su lucha por la Liga, el Barça tenía un solo objetivo ante Levante: ganar para no perderle pisada a Real Madrid. En un encuentro muy complicado, en el que comenzó perdiendo, Leo marcó dos tantos para quedarse con el triunfo 2-1 y llegar a diez jornadas consecutivas convirtiendo: el primero, tras una pared con Alexis; el segundo, de penal. "Lo de Messi es increíble. Daba la sensación de que estaba desaparecido, pero cuando menos nos lo hemos esperado, ha desplegado su juego y nos ha marcado dos goles", confesó Juan Ignacio Martínez, el técnico rival.

15 DE ABRIL DE 2017 – AL ACECHO

Gran actuación ante Real Sociedad: dos tantos y una asistencia para un necesario triunfo del Barça.

Tras la dura derrota en Champions, 3-0 ante Juventus, el club catalán precisaba una victoria para no perderle pisada a Real Madrid, ya que en la fecha siguiente se disputaría el clásico. En el Camp Nou, Leo tuvo una gran actuación: convirtió dos goles (acumuló 29 en 28 jornadas en la Liga, y 45 en 44 partidos en la temporada) y asistió a Alcácer. El resultado final (3-2) le vino bien como envión anímico al conjunto de Luis Enrique.

16 DE ABRIL DE 2011 – PUNTO PARA CAMPEÓN

En su visita a Madrid, el Barça igualó con un tanto de Leo y mantuvo los 13 puntos de ventaja sobre el Real.

Como de costumbre, volvió a convertir en el clásico. De penal, a los 8 minutos de la segunda mitad, adelantó a Barcelona en el marcador. Fue su primer gol a un equipo dirigido por Mourinho tras diez encuentros (un amistoso y nueve oficiales). Además, se coronó como el jugador del Barça con más conquistas en el Santiago Bernabéu. Luego, cerca del final, Cristiano Ronaldo igualó por la misma vía. El empate, a falta de seis jornadas para el cierre de la Liga, le sirvió al conjunto culé para mantener la ventaja de 13 unidades sobre su rival y casi sentenciar el certamen.

17 DE ABRIL DE 2016 – NO ALCANZÓ

Tras cinco partidos sin convertir, anotó el gol 500 de su carrera, pero el Barça cayó 2-1 ante Valencia.

Una y otra vez, el equipo de Luis Enrique se chocó con el arquero Diego Alves. Tras comenzar perdiendo 2-0, Leo descontó y, pese a que todo indicaba que Barcelona iba a llegar a la igualdad, sufrió su falta de puntería y perdió en el Camp Nou. Sin embargo, más allá del sabor amargo de la derrota, el tanto de la Pulga significó su gol número 500 como profesional (450 con el Barça en 524 partidos, y 50 en 107 con la Selección Argentina). Luego de cinco encuentros sin marcar, una rareza tratándose de él (516 minutos de sequía, desde el 16 de marzo ante Arsenal por Champions), se sacó la mufa y pudo gritar, aunque se quedó con la espina clavada de no salir victorioso del *match*.

18 DE ABRIL DE 2007 - ¿DE QUÉ PLANETA VINISTE?

Ante Getafe, por semifinales de la Copa del Rey, convirtió un golazo muy similar al que Maradona le marcó a Inglaterra en el Mundial de 1986. El tanto, por su parecido y espectacularidad, recorrió el mundo entero.

Un gol histórico que maravilló a todos. Con el partido 1-0, la tomó en la mitad de la cancha, recorrió 55 metros con el balón dominado y dejó en el camino a seis rivales, para luego definir de derecha. Increíble golazo, que llamó la atención por su semejanza con el legendario de Maradona a los ingleses. "Me puse las manos en la cabeza. Se puede ver en las imágenes de televisión. Tuve un momento sobre el césped en el que pensaba 'Dios, estoy en el campo cuando se acaba de marcar un gol del que se hablará toda la vida'. ¡Es el de Maradona contra Inglaterra de nuevo!", confesó el islandés Eiður Guðjohnsen, testigo de lujo. Rápidamente, en redes sociales se hicieron videos contrastando las dos conquistas, y el parecido fue sorprendente. Las comparaciones con Diego se hicieron cada vez más recurrentes desde ese día. Leo, tiempo des-

pués, explicó: "El gol a Inglaterra lo vi millones de veces, pero lo impresionante es que en ningún momento pensé en copiarlo, ni siquiera me di cuenta".

P. D.: Ese mismo día convirtió otro tanto para el 3-0 del conjunto catalán. Dos años después, por la Liga, le marcó al mismo rival en un triunfo 1-0. Y en 2015 le hizo un gol a Valencia (su grito 400 con la camiseta blaugrana).

19 DE ABRIL DE 2010 – PULGA *STAR*

Luis Figo, exfutbolista de Real Madrid, manifestó: "Ver jugar a Messi es como tener un orgasmo".

Durante la previa de la semifinal de la Champions League, entre Inter y el Barça, Luis Figo, entonces dirigente del club italiano, fue entrevistado por la cadena TVE de España: "Para mí es un placer ver jugar a Messi, es como tener un orgasmo. Da un placer increíble. Ahora hay dos o tres jugadores que se imponen sobre el resto. Leo es el mejor en estos momentos. En mi época quizá había más jugadores que 'reinaban'".

20 DE ABRIL DE 2016 – EL LEO DEL OCHO

Como visitante, el Barça venció 8-0 a Deportivo La Coruña con un tanto de la Pulga.

En su visita al estadio Municipal Riazor, el equipo de Luis Enrique estaba obligado a ganar para quedar igualado en la primera ubicación con Atlético de Madrid. Con un rendimiento superlativo, consiguió la victoria y maravilló con su gran eficacia. A los 28 minutos del segundo tiempo, Leo señaló el 6-0. Además, dio dos asistencias (el pase a Suárez, para el 2-0, fue sin mirar).

P. D.: Dos años antes, en 2014, le marcó un doblete a Athletic de Bilbao (victoria 2-1).

21 DE ABRIL DE 2018 – EL REY LEO

Con un tanto suyo, Barcelona derrotó 5-0 a Sevilla y se consagró campeón de la Copa del Rey.

Aplastante victoria del conjunto culé, que se quedó una vez más con el histórico certamen español. En el Wanda Metropolitano, el equipo de Valverde no tuvo piedad ante Sevilla: jugó un partido perfecto y ganó 5-0. Leo convirtió el segundo tanto de la goleada, cuando definió luego de una gran asistencia de taco de Jordi Alba.

22 DE ABRIL DE 2013 – TRANQUILIDAD

Andoni Zubizarreta, Director Deportivo de Barcelona, afirmó que Leo, que venía de una lesión, estaba en condiciones de disputar la semifinal de la Champions ante Bayern Munich. "No vamos a renunciar a poder disponer lo mejor que tenemos en el campo".

Fueron jornadas de incertidumbre en Barcelona. La Pulga, que había sufrido una lesión muscular en el bíceps femoral de su pierna derecha unos días antes, no sabía si podría participar del trascendental partido de semifinal ante Bayern. El conjunto catalán, que en la ida había perdido 4-0, apostaba todo a una histórica remontada con Leo como protagonista. Finalmente, en la previa del encuentro, Andoni Zubizarreta llevó calma a todos los culés: "Messi está en condiciones de poder jugar, pero no tiene el alta médica. Tenemos que decidir si puede competir. No vamos a renunciar a disponer lo mejor que tenemos en el campo, pero si viaja es porque está cerca de jugar". A pesar de que fue titular, sintió la falta de ritmo futbolístico y no pudo hacer nada para evitar la dura derrota que sufrió el Barça. Ante una gran actuación del rival, perdió 3-0 y quedó eliminado de la competencia.

23 DE ABRIL DE 2017 – CON LA CAMISETA

Otra noche legendaria en el Santiago Bernabéu: dos tantos para ganar 3-2 sobre la hora, llegar a 500 goles oficiales en el Barça y festejar mostrando la casaca ante el público.

Épico. Glorioso. Memorable. Como visitante frente a Real Madrid, ganó el clásico prácticamente él solo y su festejo, sosteniendo su remera con el "Messi 10" ante todo el Bernabéu como diciendo "acá estoy, este soy yo", fue protagonista de todos los diarios, páginas de internet y programas de televisión del mundo. El Barça había llegado a la capital española con un solo objetivo: ganar para igualar, con un partido más, a su rival de toda la vida en la cima de la tabla de posiciones. Tras comenzar 1-0 abajo, Leo igualó el encuentro con una gran jugada individual. Ya en la segunda mitad, hizo expulsar a Sergio Ramos (Marcelo también tendría que haber visto la roja por un codazo que le dio) y se convirtieron dos tantos más: uno de Ivan **Rakitić** (minuto 73) y otro de James Rodríguez (85). El final de película llegó a los 92 minutos, con el marcador

2-2: tras un desborde de Jordi Alba, la Pulga apareció por el medio del área y, con un zurdazo, marcó el histórico 3-2 y alcanzó las 500 anotaciones en competencias oficiales en el blaugrana. Inmediatamente se sacó la camiseta y la mostró con mucho orgullo ante el público. "Somos unos privilegiados por tener al mejor de la historia, lo sigue demostrando", explicó su amigo Luis Suárez.

P. D.: Un 23 de abril marcó otros dos goles: en 2011, ante Osasuna; y en 2016, frente a Sporting de Gijón.

24 DE ABRIL DE 2012 – PALO Y AFUERA

Noche para el olvido ante Chelsea: estrelló un penal en el travesaño, un remate suyo pegó en el poste y quedó eliminado en las semifinales de la Champions League.

En la ida, el conjunto inglés se había quedado con la victoria 1-0, por lo que, en el Camp Nou, el Barça estaba obligado a ganar por dos tantos para jugar la final de la Champions. Y estuvo cerca de conseguirlo: primero se puso en ventaja con un tanto de Sergio y, a los 43 de la primera mitad, Leo asistió a Iniesta, que marcó el 2-0. Cuando parecía que la clasificación se encaminaba, sorpresivamente Ramires descontó para el visitante antes de irse al vestuario y dejó atónitos a todos. A los pocos minutos de comenzada la segunda mitad, Didier Drogba bajó a Cesc dentro del área y el árbitro cobró penal, pero Leo lo estrelló en el travesaño. Para colmo, cerca del final, antes de que Fernando Torres marcara el 2-2, la Pulga impactó otro tiro en el palo, en esta oportunidad con un remate desde afuera del área. Tantas veces héroe, esa vez no se le dio. "Estamos aquí gracias a Messi. Más que nunca, agradecerle todo lo que ha hecho. Mi admiración hacia él es insuperable. Él nos arrastra cada día a ser mejores. No tengo ninguna duda de que pasará unas horas malas, pero es lo bonito de este deporte. Toca prepararnos para el año que viene", dijo Pep, que dos días después les comunicó a los futbolistas que iba a dejar de ser el entrenador.

25 DE ABRIL DE 2015 – UN CLÁSICO

Volvió a ser la figura del derbi catalán ante Espanyol: a puro fútbol, convirtió un tanto en la victoria 2-0.

El primer tiempo fue una exhibición del Barça, que consiguió tres puntos importantes en su visita a Cornellà-El Prat. Leo participó del primer tanto (excelente pase a Jordi Alba) y luego marcó tras una asistencia de Suárez.

P. D.: En esta misma fecha, pero de 2009, le convirtió un tanto a Valencia.

26 DE ABRIL DE 2017 – BANDERAS EN TU CORAZÓN

Doblete frente a Osasuna y un homenaje en las tribunas por sus 500 goles en el Barça.

Con motivo de los 500 tantos en el club, los cuales había alcanzado unos días antes frente a Real Madrid, Barcelona lo homenajeó en la previa del encuentro ante Osasuna. En una de las tribunas laterales del estadio, los hinchas desplegaron una bandera gigante con el lema "Gracias Leo - 500 goles". En el partido, la Pulga convirtió por duplicado, y el equipo culé no tuvo piedad: se quedó con la victoria 7-1.

27 DE ABRIL DE 2011 – UN PIE ADENTRO

Doblete en el clásico ante Real Madrid por la ida de la semifinal de la Champions. En el Bernabéu, el Barça quedó muy cerca de la clasificación a la final.

Una vez más, ante el Madrid, apareció su mejor versión. A pesar de no destacarse durante más de 60 minutos, el genio frotó la lámpara y, con dos goles (el segundo, una verdadera joya de colección), quedó con un pie y medio adentro de la final de la Champions. Tras la expulsión del portugués Pepe, el conjunto de Guardiola fue en busca de una victoria clave como visitante. A los 76 minutos, Ibrahim Afellay desbordó, tiró un centro y Leo, que apareció como número 9, la empujó casi abajo del arco. Con el resultado a su favor, y cerca del final, surgió el golazo: en la mitad de cancha, Sergio le devolvió una pared y, luego de dejar en el camino a cuatro rivales, definió cruzado de derecha para poner el 2-0. Seis días más tarde, en el Camp Nou, el empate 1-1 le permitió al equipo culé clasificarse finalista del certamen.

P. D.: En esta misma fecha también convirtió dos tantos: en 2013, ante Athletic de Bilbao; un año después, frente a Villarreal.

28 DE ABRIL DE 2015 – LOS TRES FANTÁSTICOS

Ante Getafe, la MSN jugó otro partido espectacular: Leo y Suárez gritaron por duplicado, mientras que Ney marcó un tanto. Entre los tres superaron los 100 goles durante la temporada.

Fue una actuación brillante de Leo y sus compañeros. Tras el primer tiempo, el Barça se fue al descanso ganando cómodamente 5-0. Combinaciones, regates, goles y lujos en un partido que tuvo como protagonistas a los tres jugadores que integraban la MSN. Con sus tantos, batieron el récord de goles que hasta el momento tenía otro trío histórico del club (Henry, Eto'o y el propio Leo) en el triplete de 2008/2009. Durante los primeros 45 minutos, Leo marcó un penal picándosela al arquero y asistió a su amigo Suárez, que convirtió con una acrobacia. Apenas arrancada la segunda mitad, maravilló a todos con un verdadero golazo: luego de una gran jugada colectiva, la tomó sobre la derecha y, de zurda, la clavó en un ángulo para poner el 6-0 final y sacarle cinco puntos de ventaja en la Liga a Real Madrid, su inmediato perseguidor.

P. D.: En 2014, junto con sus compañeros de Barcelona, asistió al funeral de Tito Vilanova, que había fallecido tres días antes, tras una larga lucha contra el cáncer. El técnico, que durante cuatro años se desempeñó como ayudante de campo de Pep Guardiola, fue muy importante a lo largo de su carrera: lo tuvo como entrenador cuando era cadete, y luego en el primer equipo. "Una persona difícil de olvidar. Siempre te recordaremos. Todo mi cariño a la familia de Tito", manifestó Lionel.

29 DE ABRIL DE 2018 – *INVICTUS*

Hattrick ante Deportivo La Coruña para darle una nueva Liga al Barça. Hasta ese momento, el equipo de Valverde no había perdido ningún encuentro en el certamen.

Tres goles y el título, ¿qué más se puede pedir? En el estadio de Riazor, Leo continuó agigantando aún más su leyenda con la camiseta blaugrana y festejó su 32° título en el club. Fue la figura de un encuentro vibrante, en el que Barcelona se quedó con la victoria 4-2 y se consagró campeón invicto de la Liga (perdería por primera vez en la competencia ante Levante). Hasta ese entonces, el equipo de Valverde había ganado 26 de 34 partidos (empate en los ocho restantes), por lo que sumaba 86 puntos (el segundo, Atlético de Madrid, estaba a 11 unidades con un partido más). Un título más para la Pulga, un título más para el club. Un campeón memorable.

P. D.: En 2009 recibió el premio Marca Leyenda por su destacada carrera en el deporte. Además, en 2012, Barcelona goleó 7-0 a Rayo Vallecano, y Leo se anotó con dos tantos.

30 DE ABRIL DE 2016 – ASISTENCIA PERFECTA

A pesar de no convertir, fue la figura ante Betis: con dos pases gol, destrabó un partido muy difícil para el Barça.

Bastante lejos del área para llegar con claridad al arco, pero siempre un paso por delante de sus rivales. Con un Leo en versión asistidor, el Barça se quedó con un importante triunfo 2-0 ante Betis para mantenerse, a dos fechas del final, como líder de la Liga. Más generoso que nunca, destrabó el partido con dos asistencias perfectas: la primera a Rakitić, para abrir el marcador, y la segunda, una genialidad a Luis Suárez para liquidar el encuentro.

MAYO

1° DE MAYO DE 2005 – DEBUT EN LAS REDES

Cuando tenía apenas 17 años, le convirtió a Albacete su primer tanto oficial en el Barça.

Quedaban cuatro partidos de la Liga, y Real Madrid, con seis victorias consecutivas, acechaba al equipo culé, que se encontraba en la primera ubicación. Albacete, a pesar de ser el último de la tabla, se presentó como un duro rival. Con un gol de Eto'o, el conjunto blaugrana había conseguido ponerse en ventaja. A seis minutos del final, fue el mismo camerunés quien le dejó su lugar a Leo, que entró con el número 30. "Juega como sabes. Colócate a la derecha", le indicó Rijkaard. Rápidamente, Ronaldinho encontró a la Pulga, que, con mucha clase, se la picó al arquero. Sin embargo, el árbitro cobró una posición adelantada inexistente. No obstante, con el tiempo cumplido, tuvo revancha: nuevamente el brasileño lo habilitó, y definió por encima del portero Valbuena, que se guardó aquella pelota como una especie de premonición sobre lo que lograría aquel joven argentino. Tras su primer grito en Primera División, declaró en zona mixta: "Todos en el vestuario me tratan muy bien, pero con Ronnie tenemos una relación muy especial, de ahí la celebración (lo alzó por la espalda). Este gol se lo dedico a toda la familia. A mi madre, que en estos momentos está viajando, y a un sobrino que está en camino".

P. D.: Por la Liga, en 2010, le convirtió un doblete a Villarreal en un triunfo 4-1. "Messi, letal. El argentino marcó dos goles y estrenó su casillero ante el Villarreal. Su lucha hasta el Pichichi y la Bota de Oro sigue a una velocidad impresionante", publicó el diario *Marca*.

2 DE MAYO DE 2009 – ANTES Y DESPUÉS

Por primera vez en su carrera, Pep Guardiola lo ubicó de *falso 9* en un clásico ante Real Madrid. El resultado, más que evidente: marcó dos tantos en la histórica goleada del Barça 6-2 como visitante.

A falta de cinco partidos para el final de la Liga, Real Madrid se había puesto a cuatro puntos del equipo culé. El clásico, fundamental para las aspiraciones de Barcelona, justo caía entre las dos semifinales de la Champions frente a Chelsea. No había margen de error. Ante esto, Pep decidió jugársela con su as bajo la manga: lo corrió a Eto'o a una banda y lo puso a Leo de *falso 9*. "Vimos juntos unas imágenes donde estudiamos cómo se movían ellos y observamos que si se ubicaba por el centro, podría recibir muchos balones. Eso era importante y siempre fue nuestro principal objetivo: que pudiera participar mucho del juego", explicó el técnico tiempo después. Lo cierto es que aquel día fue bisagra para su carrera y, también, es recordado como una de las victorias más importantes del Barça fuera del Camp Nou. A pesar de arrancar perdiendo, se sobrepuso y dio vuelta el resultado con un fútbol maravilloso. El 10, en su nueva posición, la rompió: fue la figura, volvió locos a sus rivales y convirtió dos tantos. "Messi se estrenó como goleador en el Bernabéu. Guardiola lo alejó de la banda para que se midiera las veces que pudiera a los dos centrales madridistas, Fabio Cannavaro y Christoph Metzelder. Los masacró. No solamente a ellos, sino también a los dos mediocentros, puesto que se dejaba caer al medio del campo para arrancar. Messi acaparó el balón junto con Xavi, con breves conexiones con Henry. De una de ellas, el pase picado de Messi dejó solo a Henry ante Casillas, en el primer gol azulgrana", escribió Cayetano Ross en el diario *El País*.

P. D.: Tras marcar su primer tanto en el Barça ante Albacete en 2005, al día siguiente recibió un llamado de Maradona para felicitarlo por la conquista. Además, en 2012 le convirtió un *hat-trick* a Málaga (fue capitán del equipo por primera vez en un partido oficial); y, en 2015, un doblete a Córdoba.

---

3 DE MAYO DE 2006 – LICENCIADO

Aunque Leo estuvo ausente por lesión, el club catalán obtuvo la Liga.

Fue el primer torneo español que lo tuvo como un jugador importante dentro del plantel. Alternando el puesto con el francés Giuly, siempre fue usado por Rijkaard, ya sea desde el arranque o ingresando desde el banco de suplentes, como un jugador revulsivo. En aquella jornada no pudo estar presente por una lesión que lo tenía a maltraer (la misma que lo dejó afuera de la final de la Champions ante Arsenal). En el Estadio de Balaídos, el Barça no tuvo que esperar al final de su encuentro frente a Celta para proclamarse campeón. En el entretiempo, supo que Mallorca había derrotado 2-1 a Valencia y eso le dio el título al club catalán. En total, la Pulga disputó 17 partidos y convirtió 6 tantos durante el certamen.

P. D.: En 2011, por Champions League, vivió un momento histórico: luego de igualar 1-1 como local en el encuentro de vuelta, el Barça eliminó a Real Madrid (3-1 en el global) y se clasificó a la final del certamen. Casi un mes después, salió campeón en Wembley, ante Manchester United, con un tanto de Leo. Además, por la Liga, en 2014, le marcó a Getafe.

---

4 DE MAYO DE 2003 – *#MESSIMASK*

Jugando para el Cadete A de Barcelona, sufrió una fractura en su pómulo, por lo que tuvo que disputar la final de la Copa Catalunya, ante Espanyol, con una máscara. A los pocos minutos, tras sentirse incómodo, se la sacó y terminó convirtiendo dos tantos que le dieron el título al Barça.

A pesar de que los médicos le recomendaron no jugar, las ganas de Leo fueron más fuertes. Ante su insistencia se decidió que podía participar, pero con una máscara, la cual había sido originalmente diseñada para el capitán del primer equipo, Puyol, que había sufrido un percance similar a principios de temporada. Como un hermano mayor que le hereda su ropa al menor, así pasó con Carles y Leo. Sin embargo, una vez iniciado el encuentro, la Pulga no se sentía cómodo con la protección: le molestaba porque le quedaba un poco grande. Saltándose todas las normas, y haciendo oídos sordos a las recomendaciones de los doctores, decidió quitársela. Tras un pase de Frank Song'o, marcó el primer tanto. Poco después, luego de una gran jugada individual, gritó el segundo. Dos goles en menos de diez minutos y, con el 3-0, el técnico Álex García lo sacó. El resultado final fue 4-1 a favor del Barça, que se quedó con el trofeo.

P. D.: En 2008, por la Liga, le convirtió un gol a Valencia (victoria 6-0). En 2013, festejó un doblete a Tenerife.

---

5 DE MAYO DE 2012 – LA *DESPEPDIDA*

En el último encuentro de Guardiola como técnico del Barça en el Camp Nou, convirtió un póker ante Espanyol.

El entrenador más exitoso del conjunto culé difícilmente podría haber tenido una mejor despedida como local. Con Leo en un nivel estelar y autor de cuatro goles, Pep le dijo adiós a su público con un emotivo homenaje. La foto del abrazo entre él y la Pulga fue la

tapa de todos los diarios al día siguiente. Con su tercer póker con la camiseta blaugrana, alcanzó los 50 tantos en la Liga y llegó a 72 gritos en todas las competiciones. "El otro día, cuando volvíamos de Madrid, le preguntaba a Messi si era consciente de lo que estaba logrando. Marcar 72 goles es algo que pocos delanteros lo consiguen en toda su carrera profesional. Él lo ha conseguido en tan solo un año. No hay manera de describir lo que Leo hace partido tras partido y, además, lo que más se debe valorar es que los marca en las competiciones futbolísticas más importantes del mundo. Ha llevado el fútbol a un nivel diferente", explicó Mascherano tras la victoria 4-0.

P. D.: En 2013 inició el encuentro ante Betis en el banco de suplentes y, tras ingresar a los 11 minutos del segundo tiempo, marcó los dos goles de Barcelona (el encuentro finalizó 2-2).

---

6 DE MAYO DE 2009 - TODOS LOS CAMINOS CONDUCEN A ROMA

Asistencia a Iniesta para ganarle a Chelsea sobre la hora y clasificar a la final de la Champions, que se jugaría en el estadio Olímpico.

Tras el 0-0 en la ida, el equipo de Guardiola se jugó el pase a la final de la máxima competencia europea en Stamford Bridge. Con el marcador 1-0 en su contra y la expulsión de Abidal, el panorama para el Barça parecía muy complicado, ya que el equipo inglés, con Terry y Cech como principales pilares, se cerró muy bien atrás. En los últimos minutos, el club catalán adelantó aún más sus líneas y fue en busca del milagroso tanto. A los 93 minutos, a Leo le llegó la pelota en el área: se tomó un segundo de más para pensar y encontró libre a Iniesta, que marcó un golazo para conseguir la anhelada clasificación a la final, que se disputaría en el estadio Olímpico de Roma, donde estaba esperando Manchester United.

P. D.: Un 6 de mayo, además, marcó cinco tantos en su carrera: un doblete a Bayern Munich (2015), otros dos goles a Villarreal (2017) y uno a Real Madrid (2018).

---

7 DE MAYO DE 2018 – MÁS GOLES

Patrick Kluivert, histórico delantero del Barça y de la Selección de Holanda, opinó sobre Leo en una entrevista que le realizó el diario *La Nación*.

"Es inevitable comparar todo el tiempo a Messi con Cristiano Ronaldo. Son dos jugadores fabulosos, los mejores del mundo desde hace muchísimo tiempo. Son futbolistas muy diferentes, que además juegan en los dos mejores equipos del planeta. Ellos manejan la élite a la perfección, es su mundo. Leo tiene un talento extraordinario y Cristiano es mucho más físico, un aspecto que trabaja a la perfección. Es lindo ver esa rivalidad. Si Messi hubiera jugado en mi época, o yo en esta, hubiese sido hermoso compartir el ataque de Barcelona. Posiblemente yo hubiera marcado más goles con Lionel a mi lado", explicó el holandés. Luego, tras ser consultado sobre si había algo que le sorprendiera de él, sostuvo: "Sí, que siga a este nivel, siendo el mejor del mundo. Lleva más de diez años con esa condición, eso no es nada fácil. Todo el tiempo está exhibiendo su calidad, en un partido mete dos goles, en el otro tres, y así siempre. Eso tenemos que valorarlo y respetarlo".

P. D.: Seis años antes, Jorge Valdano, campeón del mundo en 1986 con la Selección Argentina, dialogó con Télam y también elogió a Leo: "Yo creo que estamos ante el primer genio del siglo XXI, pero con una singularidad: a los genios les solemos permitir intermitencias y él es un genio con una continuidad asombrosa, ya sea a lo largo de un partido, de un campeonato. El día que juega mal, está entre los tres mejores del partido. Da gusto verlo con la pelota en los pies y encima, después del encuentro, se quita importancia y vive como si fuera cualquiera. Es muy difícil no confundirse siendo Messi, y él lo logra. Tampoco eso se valora en su verdadera dimensión".

8 DE MAYO DE 1998 – ADIÓS, ABUELA CELIA

Muy querida por Leo, fue una de las personas más importantes en su infancia. Tras padecer Alzheimer, falleció cuando él tenía 10 años.

Tristeza. Dolor. Todo eso significó para Leo la partida de su abuela Celia, que lo llevaba a jugar al baby fútbol al club de barrio Grandoli, y constantemente lo apoyaba para que él hiciera lo que realmente le divertía: jugar a la pelota. "Era demasiado buena. Vivía por nosotros, los nietos. Nos bancaba todos los caprichos, los primos nos peleábamos para dormir en su casa. No sé si mi abuela entendía de fútbol, pero ella nos llevaba a jugar. Fue mi primera hincha en los entrenamientos y en los partidos. Sus gritos de ánimo siempre me acompañaban", explicó en 2009. Para él, a tan corta edad, su pérdida fue un golpe muy duro. Desde aquel momento, cada vez que convierte un tanto, lo celebra mirando el cielo y señalando con sus dedos hacia arriba. "Pienso mucho en ella y

le dedico mis goles, querría que estuviera aquí, pero se fue antes de verme triunfar. Eso es lo que más rabia me da".

P. D.: En 2010 le convirtió un tanto a Sevilla y, en 2016, otro a Espanyol (ambos encuentros fueron por la Liga).

9 DE MAYO DE 2018 – *MAMMA MIA*

Por una iniciativa de Barcelona, en el día de la madre todos los jugadores salieron a la cancha con el nombre de su mamá en la espalda. Arriba del emblemático diez de Leo, en lugar de "Messi", estaba estampado "Celia".

Antes del inicio del encuentro, Villarreal *le hizo el pasillo* al Barça, que días antes había obtenido la Liga. En ese momento, se pudo que ver que los jugadores llevaban en sus espaldas los nombres de sus mamás. "Celia", decía por encima del número 10 de Leo. En lo que se refiere al partido, al campeón del certamen le bastó un tiempo para liquidarlo. A los 45 minutos, tras una asistencia de Iniesta, la Pulga convirtió su tanto. El final fue 5-1 a favor del club catalán.

10 DE MAYO DE 2016 – TODOS QUIEREN SER LEO

Un estudio a nivel mundial determinó que era la 12ª persona más admirada del planeta.

YouGov, la consultora de opinión mediante sondeos en internet más importante del mundo, realizó un estudio para hallar a las figuras más respetadas. Leo, que apareció en la posición número 12, fue el único deportista en actividad que formó parte de la lista, quedando justo por encima de un compatriota, el papa Francisco. En primer lugar, se ubicó Bill Gates; y segundo, Barack Obama.

11 DE MAYO DE 2011 – ¡TRICAMPEÓN!

La igualdad 1-1 ante Levante le permitió a Leo obtener la Liga por tercera vez consecutiva.

En Valencia, el equipo de Pep consiguió el punto que necesitaba para consagrarse tricampeón de España. Luego de empatar 1-1, con un tanto de Seydou Keita, alcanzó las 92 unidades y le sacó seis de ventaja al Real, subcampeón. Leo, que disputó los 90 minutos, estuvo cerca de darle la victoria al Barça, pero un remate suyo pegó en el poste. "Esta Liga tiene mucho mérito, sobre todo porque se logró ante un gran rival como el Real Madrid", explicó la Pulga tras el título.

P. D.: Dos años después, en 2013, también gritó campeón de la Liga luego de una igualdad entre Espanyol y Real Madrid. El conjunto dirigido por Tito Vilanova, que tuvo a Leo como ícono y emblema, no necesitó disputar su encuentro ante el Atlético para sumar su cuarto título local en cinco años. En total alcanzó las 88 unidades, con 105 goles a favor y 37 goles en contra. "Después de un gran año de trabajo, estoy feliz de celebrar este título. Felicidades compañeros", escribió la Pulga en su cuenta de Twitter.

12 DE MAYO DE 2015 – SI ES LEO, ES BUENO

En Alemania, lideró al Barça que, pese a perder 3-2 ante el Bayern Munich de Pep Guardiola, consiguió la clasificación para la final de la Champions League.

Después del 3-0 conseguido en el Camp Nou, parecía muy complicado que al equipo culé se le escapara el pase a la gran final en Berlín. Como visitante, en la vuelta, Leo tuvo dos apariciones fundamentales para liquidar la serie: una exquisita habilitación a Luis Suárez que terminó en gol de Neymar; y, más tarde, calcó la jugada, pero el pase fue peinando de cabeza el balón. Tras el pitazo final, a pesar de la derrota, el conjunto de Luis Enrique consiguió el boleto al partido definitorio de la Champions, tras cuatro años de espera. "Messi es el mejor de todos los tiempos. Ha vuelto su mejor versión y espero que lo podamos disfrutar muchos años más. A ver si Alemania se puede hacer con los derechos de la Liga y aquí también lo podemos disfrutar", explicó Guardiola.

13 DE MAYO DE 2009 – SU MAJESTAD

El Barça se consagró campeón de la Copa del Rey tras derrotar 4-1 a Athletic de Bilbao en el Mestalla. Leo, la gran figura de la noche, marcó un tanto y dio una asistencia.

El primer título del histórico triplete de la era de Guardiola se dio en Valencia. Luego de comenzar perdiendo, el conjunto culé logró dar vuelta el resultado a puro fútbol. Con la Pulga en un nivel extraordinario, supo hacerse fuerte en la desventaja y terminó gritando campeón. A los 9 minutos del segundo tiempo, Leo convirtió con un zurdazo el 2-1; y, casi inmediatamente, asistió a Bojan Krkic para liquidar el encuentro. En los últimos minutos, el público comenzó a gritarle al técnico "¡Cambia a Messi!", por te-

mor a una posible lesión (en dos semanas tenía que jugar la final de la Champions, en Roma, ante Manchester United). "Lo voy conociendo mejor, quería jugar y, por lo que nos ha dado durante la temporada, merecía acabar el partido. Estos partidos son los suyos, quiere ser el protagonista. Tener un jugador como él no tiene precio", contó Pep.

14 DE MAYO DE 2005 – VENCEDORES

Luego de igualar 1-1 ante Levante, el Barça ganó la Liga, tras cinco años de espera, de la mano de Ronaldinho. Fue el primer grito de campeón de Leo, que, con el correr de los años, se transformaría en el jugador con más títulos en la historia del club.

No fue el principal protagonista, pero eso no le quita validez. Al tratarse del primer título en su carrera, tuvo un gusto muy especial. Solamente disputó 7 encuentros durante la Liga 2004/2005 (incluyendo su debut y su primer gol). Con apenas 17 años, era el jugador que estaba asomando, la máxima promesa de la cantera. El hermano menor de todos, al que todos protegían. Y Rijkaard cada vez le daba más minutos en cancha. Habiendo debutado hacía muy poco, logró dar su primera vuelta olímpica, la primera de muchas.

P. D.: Otro 14 de mayo, el de 2016, también se consagró campeón de la Liga. Tras derrotar 3-0 a Granada, se quedó por octava vez con el certamen. Barcelona sumó 91 puntos, uno más que Real Madrid. Por primera vez desde 2008, el máximo goleador del Barça no fue Leo, sino su amigo Suárez. Alejado momentáneamente de las redes, la Pulga perfeccionó su faceta de armador y asistidor. Además, en 2012, se quedó con su quinto Trofeo EFE.

15 DE MAYO DE 2006 - ¡ADENTRO!

José Pekerman, entonces director técnico de la Selección Argentina, dio a conocer la lista de jugadores para el Mundial de Alemania, con Leo entre los convocados.

"Nunca me imaginé que iba a jugar un Mundial, y menos tan rápido", se sinceró años después. Lo cierto es que, luego de su debut fallido ante Hungría, comenzó a ser un jugador habitual entre los convocados por el entrenador. Con apenas 18 años, su destacada actuación en el Mundial Sub 20 de Holanda y el gran rendimiento que estaba comenzando a tener en Barcelona fueron suficientes para ganarse un lugar entre los 23. A pesar de una lesión que le había impedido disputar la final de la Champions League, el pequeño del Barça, la gran promesa del fútbol argentino, tuvo su merecida oportunidad en la máxima competencia a nivel países.

16 DE MAYO DE 2010 – SIN CENSURA

De la mano de Guardiola, el conjunto culé ganó su segunda Liga consecutiva. Leo, que finalizó como Pichichi, gritó ante todos: "¡Visca el Barça, visca Catalunya y aguante Argentina, la concha de su madre!".

Fue el séptimo título del club durante la era Pep. La segunda Liga consecutiva y, para muchos, uno de los torneos donde Leo más se destacó. Con dos goles suyos, el Barca derrotó 4-0 a Valladolid, con lo que alcanzó 99 puntos y 98 tantos en la Liga 2009/2010. La Pulga gritó 34 goles en la competencia (finalizó como Pichichi) y 47 en la temporada, por lo que se quedó con la Bota de Oro. Durante los festejos en el Camp Nou, tomó el micrófono ante una multitud que lo ovacionaba y manifestó: "Este año no voy a decir nada raro. Simplemente darles las gracias a todos. ¡Visca el Barça, visca Catalunya y aguante Argentina, la concha de su madre!".

P. D.: En 2009, luego de la derrota de Real Madrid ante Villarreal, el Barca, con 86 unidades, se consagró campeón de la Liga con Guardiola como técnico. Como ya había conseguido la Copa del Rey, el conjunto catalán alcanzó el doblete (y más tarde, al ganarle a Manchester United la final de la Champions, el triplete). Leo, que compartió ataque con Eto'o y Henry, jugó casi todos los encuentros por la banda, salvo excepciones. Por ejemplo, en la victoria por 6-2 ante Real Madrid, donde se ubicó de *falso 9,* y el camerunés, de extremo.

17 DE MAYO DE 2006 – UN SABOR AGRIDULCE

La primera Champions League que ganó fue con una sensación ambigua: de la frustración por perderse la final, debido a una lesión muscular, a la alegría por ser campeón.

Dos meses antes, ante Chelsea, había sufrido una lesión muscular que lo tendría 79 días alejado de las canchas. Inmediatamente comenzó una carrera contrarreloj para recuperarse y, de ser posible, jugar la final. Sin embargo, el sueño no se pudo cumplir: "Estoy seguro de que vas a jugar muchas más finales, pero esta ha llegado demasiado pronto", le explicó Ten Cate un día antes. Y Leo, con apenas 18 años y toda la frustración del mundo, se eno-

jó mucho por no poder ganarla dentro de la cancha, aunque fue tan campeón como todos. Finalmente, en París, Barcelona, con él sentado en la tribuna, derrotó 2-1 a Arsenal y celebró la segunda Champions de su historia. "Ahora me doy cuenta de que tendría que haber disfrutado mucho más esa final, más de lo que lo hice, por el momento que fue. Creo que hay muchos jugadores que no tienen la oportunidad de ganarla. Era muy joven y no quería celebrarla. Entonces, Ronaldinho, Deco y Motta me llevaron la copa para festejar el título y ese recuerdo es muy bonito. Hoy en día me arrepiento de no haberla disfrutado más dentro del campo, aunque después sí lo hice. Yo estaba ahí, y es algo muy especial", recordó con el paso del tiempo.

P. D.: Nueve años después, celebró otro título: con un gol suyo, el Barça derrotó 1-0 a Atlético de Madrid en el Vicente Calderón y se quedó con la Liga 2014/2015. Ese trofeo fue el primero que ganó junto con Neymar y Luis Suárez, con quienes integró la famosa delantera conocida como la MSN. Hasta este momento, el trío había convertido 115 tantos en la temporada.

---

18 DE MAYO DE 2012 - *CHAPEAU*

Neymar, entonces un joven de 20 años que ya asomaba como la gran figura del fútbol brasileño, se deshizo en elogios hacia la Pulga: "Messi es el mejor".

El año anterior había conquistado la Copa Libertadores con Santos, y su destino europeo parecía inminente. Los rumores lo vinculaban con Barcelona, Real Madrid y otros clubes. En la previa de un encuentro ante Vélez, Ney, a pesar de la rivalidad futbolera que existe entre Argentina y Brasil, elogió a Leo. "Yo soy fanático de Messi y para mí es el mejor del mundo, por más que sea argentino. No importa de dónde es, si es el mejor hay que decir 'chapeau' y sacarse el sombrero". Al año siguiente, firmó con el Barça y se dio el gusto de ser su compañero.

---

19 DE MAYO DE 2018 – PALCO VIP

Fue a ver jugar a su hijo Thiago y, como no tenía dónde sentarse, lo vio ¡desde el carrito de Mateo!

En la previa del encuentro que tenía que disputar ante Real Sociedad, por la última fecha de la Liga, se hizo un tiempo para ir a ver a jugar a Thiago con su equipo, el cual compartía con varios hijos de futbolistas y empleados del club. Allí, sentado en el cochececito de Mateo, encontró un lugar de privilegio para observar el partido. La imagen, donde también se podía ver a Antonela y a su otro hijo, se hizo viral rápidamente en redes sociales.

20 DE MAYO DE 2018 – ARTILLERÍA PESADA

Con 34 goles y 68 puntos, obtuvo la Bota de Oro 2018 y se convirtió en el primer jugador en quedarse con el premio en cinco oportunidades. Mohamed Salah (32) y Harry Kane (30) completaron el podio.

Después de disputar los últimos minutos del partido ante Real Sociedad, finalizó como el mejor goleador de Europa de la temporada 2017/2018. En total, convirtió 34 tantos en los 35 partidos que jugó, con un promedio de casi un gol por partido. Fue la quinta vez en su carrera que consiguió la distinción (2009/2010, 2011/2012, 2012/2013 y 2016/2017), convirtiéndose así en el primer jugador de la historia en alcanzar esa marca.

P. D.: En 2007, como visitante, le marcó dos tantos a Atlético de Madrid en un triunfo 6-0.

21 DE MAYO DE 2017 – LUCHÓ HASTA EL FINAL

En el último encuentro de Luis Enrique en el Camp Nou, Leo convirtió dos tantos y erró un penal en la victoria 4-2 del Barça.

La ecuación era muy difícil: en la última fecha, Barcelona tenía que ganarle a Eibar y aguardar que Real Madrid no sumara puntos. Finalmente sucedió lo más esperado: el conjunto de Zidane le ganó a Málaga y terminó primero. De todas maneras, en el Camp Nou se vivió una noche emotiva, ya que fue la despedida de Luis Enrique como entrenador del club ante su público. Leo, por su parte, tuvo un partido particular: convirtió un doblete, pero erró un penal y algunas situaciones claras. De todas maneras, con los dos tantos, finalizó como goleador de la Liga con 37 goles.

22 DE MAYO DE 2016 – MI ÚNICO HÉROE EN ESTE LÍO

La dramática final de la Copa del Rey ante Sevilla quedó en la historia: tras disputar más de ochenta minutos con un jugador menos por la expulsión de Mascherano, Leo frotó la lámpara y, con dos asistencias, le dio un nuevo título al Barça.

El encuentro se había complicado más de la cuenta. Con un futbolista más desde los 36 minutos del primer tiempo, Sevilla tuvo varias situaciones claras para convertir. Sin embargo, el Barça aguantó, resistió y, en el momento en que la Pulga se iluminó, ganó el encuentro. Luego de igualar 0-0 durante los primeros 90 minutos, se tuvo que disputar tiempo suplementario. Allí, con una habilitación extraordinaria, dejó a Jordi Alba en clara posición de gol para el 1-0, aunque todavía faltaba más del mejor jugador del mundo: sobre la hora, pisó la pelota y asistió a Ney, que convirtió el 2-0 final, el que le dio al club su 28ª Copa del Rey.

---

23 DE MAYO DE 2014 – LA ARGENTINIDAD AL PALO

Leo reconoció que, desde España, lo habían tentado varias veces para que jugara en La Roja, pero que él siempre quiso ponerse la celeste y blanca: "Amo Argentina y solo siento los colores de mi Selección".

Sus espectaculares rendimientos entre los juveniles del Barça, antes de debutar con la albiceleste, sorprendieron a más de uno. Por ese motivo es que desde España existieron intenciones de nacionalizarlo, pero él se negó. "Hubo contactos informales, pero siempre dije que quería jugar para mi país porque amo Argentina y solo siento los colores de mi Selección", explicó la Pulga en declaraciones que levantó el diario *Sport*. Además, contó por qué a pesar de haber llegado con tan solo 13 años a Barcelona, siempre mantuvo las costumbres que tenía en Rosario: "Argentina es mi país, me preguntan por qué no perdí mi acento, pero no lo hice porque no quiero perder ninguna identificación con mi patria".

---

24 DE MAYO DE 2008 – DE LOCAL Y DE VISITANTE

Como preparación para los Juegos Olímpicos de Pekín, la Selección Argentina Sub 23, con Leo entre sus titulares, venció 1-0 a Cataluña en Barcelona.

En un encuentro marcado por la política, ya que más de 35.000 catalanes dijeron presente con numerosas esteladas (banderas utilizadas por ciudadanos de ideología independentista de Cataluña), Leo fue visitante... ¡en el Camp Nou! En aquella oportunidad, la Selección de Cataluña hizo de local en el estadio donde él se transformó en leyenda. Durante el partido compartió delantera con el Kun Agüero, el Pipita Higuaín y el Pocho Lavezzi, que marcó el único tanto, a los 28 minutos del segundo tiempo.

25 DE MAYO DE 2012 - JOSEP, EL REY DE LOS SUEÑOS

En el cierre del ciclo de Guardiola como entrenador del Barça, Leo le convirtió un tanto a Athletic de Bilbao para ganar la Copa del Rey.

Al mando de Barcelona, el técnico español formó, para muchos, el mejor equipo de la historia. Un antes y un después. Con un fútbol vistoso y de alto vuelo, no solo maravilló al mundo entero, sino que ganó casi todos los títulos que disputó. En su despedida, el Barça venció 3-0 a Athletic de Bilbao y se consagró campeón de la Copa del Rey. Leo, que jugó los 90 minutos, convirtió el 2-0 de derecha, tras un exquisito pase de Iniesta. Con respecto a la Pulga, el entrenador explicó en conferencia de prensa: "Seguro que hubiéramos ganado títulos, pero sin él hubiera sido imposible obtener 14 de 19. He aprendido muchas cosas de fútbol a través de él. Espero haberle ayudado. Hemos intentando enseñarle que si se implica en una dinámica colectiva, puede dar mucho más. Es un auténtico privilegio haber entrenado al mejor jugador que nunca he visto".

26 DE MAYO DE 2007 - EL INTOCABLE

Con un golazo de Ronaldinho, el Barça derrotó 1-0 a Getafe. Leo sufrió constantes patadas de los rivales. "¿Es que no se puede tocar a vuestro Messi?", se quejó el técnico Schuster.

En la segunda mitad, cuando comenzó a jugar más centrado, se vio su mejor versión a pesar del juego brusco propuesto por los defensores rivales, que trataron de pararlo como fuera. Tras el partido, cuando un periodista le consultó sobre las faltas que recibió Leo, el alemán Bernd Schuster ironizó: "Estáis exagerando todo sobre vuestro Messi. En todos los equipos hay jugadores que sufren más faltas que otros. ¿Es que no se puede tocar a vuestro Messi?".

27 DE MAYO DE 2009 - LO MÁXIMO

Partido consagratorio en el Olímpico de Roma: con un gol suyo de cabeza, el Barça venció 2-0 a Manchester United y se quedó con la Champions League. Como principal figura del histórico triplete, ya no quedaban dudas de quién era el mejor jugador del mundo.

Maestro absoluto. *Crack*. Legendario. Desde aquella noche en Roma se ganó merecidamente el reconocimiento como el número 1 del fútbol. Indiscutiblemente se adueñó del primer lugar del

podio para la eternidad. Tal vez no fue el mejor jugador de la final, pero apareció en el momento justo para darle el título al Barça. A los 10 minutos de juego, Pep Guardiola realizó un cambio de esquema clave: Eto'o pasó a la banda y Leo se ubicó en el centro de la delantera, como *falso 9* (así llegaron los dos tantos). Primero, el camerunés marcó entrando desde la derecha; y, en la segunda mitad, la Pulga liquidó el encuentro: tras un centro de Xavi, entró por el medio del área y con un salto se elevó por los aires, casi en cámara lenta, para que la pelota se metiera con suspenso ante la mirada del holandés Van der Sar. Un tanto que le dio a Barcelona el histórico triplete (Copa del Rey, Liga y Champions), y a él lo encumbró como el mejor de todos, sin discusión. "Fue algo hermoso, siempre es lindo hacer goles y más en ese partido, en esa final, era algo impensable, como un sueño, así que fue bonito. Después fue todo felicidad, mucho festejo, mucha alegría", le explicó al diario *El País* unos años después.

P. D.: En 2017, en la despedida de Luis Enrique como técnico del club, el Barça derrotó 3-1 a Alavés y se consagró campeón de la Copa del Rey. Leo, la figura estelar de la noche, marcó un golazo desde afuera del área, participó del segundo y, tras una gran jugada individual, dejó mano a mano a Paco Alcácer, que liquidó la final. "Es un extraterrestre, solo él puede hacer lo que hace en el campo. Es el número 1 y he tenido la oportunidad de disfrutar del mejor Messi", explicó el entrenador español en su adiós.

---

28 DE MAYO DE 2011 – CHAMPIONS LEO

Noche soñada: en la final ante Manchester United, convirtió un tanto para ganar su tercera Liga de Campeones de Europa.

En el mítico estadio de Wembley, Leo escribió una de las páginas más doradas de su carrera. Con un Barça en un nivel superlativo, derrotó 3-1 al Manchester de sir Alex Ferguson y se consagró, una vez más, ganador de la Champions League. Aquella noche, ubicado por el centro del campo, se asoció con sus compañeros y fue una pesadilla para sus rivales. Cuando el encuentro estaba 1-1, tomó la pelota fuera del área y con un remate seco puso la ventaja. "Tuve el espacio ahí, salió el arquero y por suerte entró", explicó luego de ser premiado como el mejor jugador de la final. Tras la victoria, el técnico rival se acercó a felicitarlo y, ante la prensa, sostuvo: "Realmente nunca hemos podido controlar a Messi, era algo de lo que estábamos advertidos. No hemos logrado cerrar el centro del campo lo suficientemente bien como para contrarrestarlo". También Guardiola tuvo elogios hacia él tras el histórico triunfo:

"Es el mejor jugador que he visto y que voy a ver. Podríamos competir a muy alto nivel, pero sin él, no daríamos el salto de calidad. Espero que no se aburra y que seamos capaces de que se sienta cómodo, porque, cuando eso pasa, Leo no falla".

29 DE MAYO DE 2018 – PROFETA EN SU TIERRA

Ante Haití, la albiceleste se despidió de su público en la Bombonera, antes de viajar a disputar el Mundial de Rusia. Leo marcó un *hat-trick* que tuvo una particularidad: fue la primera vez que convirtió tres goles en un partido jugado en suelo argentino.

De penal, encontrándose con la pelota tras un rebote, de zurda, luego de un centro atrás. Goles de todos los colores. Goles para los chicos, para los hinchas argentinos que fueron al estadio de Boca a despedirse de la Selección y a ver al mejor del mundo. "Antes que nada, agradecido a la gente, porque las Eliminatorias no fueron fáciles. Cuando vinimos a jugar con Perú fue un momento complicado, pero siempre sentimos el cariño de todos, antes que las puteadas. Hoy, más allá del resultado, era un día para disfrutar y despedirnos de nuestro público", explicó tras la goleada 4-0.

30 DE MAYO DE 2015 – SIGO SIENDO EL REY

Por la final de la Copa del Rey, frente a Athletic de Bilbao, convirtió un verdadero golazo luego de dejar en el camino a cuatro rivales. Con el 3-1 final, el Barça se quedó con el título.

Con el marcador 0-0, tomó la pelota en mitad de cancha, pegado sobre la línea derecha, y ahí comenzó. Tras varios amagues, y luego de dejar en el camino a distintos rivales, se empezó a tirar hacia el medio, hasta que pudo sacar un zurdazo al primer palo, inalcanzable para el arquero Iago Herrerín. El grito de los hinchas, atónitos por el tanto que acababan de presenciar, fue ensordecedor. "Messi hizo un gol que pasará a la historia y merece que le pongan su nombre al Camp Nou por todo lo que ha regalado", publicó en sus páginas al día siguiente *Mundo Deportivo*. Ya en el segundo tiempo, a los 73 minutos, marcó el tercero. Con el 3-1 final, el Barça obtuvo una nueva Copa del Rey, aunque el golazo de Leo se llevó todos los flashes.

P. D.: El histórico tanto fue nominado por la FIFA para competir por el Premio Puskás como el más bonito del año, que finalmente ganó el brasilero Wendell Lira.

En el marco de los premios The Best, se sometió a un divertido *ping pong* en la página oficial de la FIFA, donde no solo habló de fútbol, sino de sus gustos personales.

–¿Cuál fue la mejor decisión de tu vida?

–Haberme quedado en el Barcelona cuando era realmente complicado por todo lo que estaba viviendo, por lo difícil que era, por la lejanía. Y así haber decidido seguir adelante con mi sueño.

–¿El mejor estadio?

–Camp Nou.

–¿Mejor comida argentina?

–El asado.

–¿El mejor gol que hayas metido?

–El de la final de la Champions League al Manchester United, de cabeza.

–¿El mejor arquero al que enfrentaste?

–Jugué con muchos, pero Buffon y Neuer. Seguro me olvido de muchos, pero ellos dos son de los mejores. También Casillas.

–¿La mejor banda?

–Me gustan mucho Los Cafres y Gondwana.

–¿El mejor destino de vacaciones?

–Una isla en la que esté tranquilo, que no haya nadie, que pueda disfrutar de mi familia y de mi tranquilidad.

–¿Lo mejor de ser futbolista?

–Poder disfrutar de la profesión que me gusta desde chico y poder hacerlo donde te mira mucha gente.

JUNIO

1° DE JUNIO DE 2011 – LA SAETA PULGA

Tras una excelente temporada, ganó por tercera vez consecutiva el Trofeo Di Stéfano como el jugador más destacado de la Primera División 2010/2011.

En primera instancia, los usuarios de *Marca* votaron a los mejores futbolistas durante cada jornada de la Liga. Luego, un jurado presidido por el mismísimo Di Stéfano, e integrado por Andoni Zubizarreta, Emilio Butragueño y José Eulogio Gárate, entre otros, eligió a Leo como ganador de la distinción, en una votación en la que logró superar a Cristiano Ronaldo y a Xavi. "Messi es todo un espectáculo", manifestó Don Alfredo.

2 DE JUNIO DE 2012 – TAN SOLO

Golazo para ganarle a Ecuador y dejar a Argentina como única líder de las Eliminatorias.

En un estadio Monumental repleto, la albiceleste jugó un gran encuentro y derrotó 4-0 a Ecuador. Con el tridente conformado por Leo, el Kun Agüero y el Pipita Higuaín como principal arma de ataque, el equipo local deleitó a sus hinchas. Cuando el resultado estaba 2-0 a favor, la Pulga tomó el balón en su propio campo, avanzó con la pelota dominada y, tras una pared, definió al ángulo para convertir un golazo. Con la victoria, el equipo dirigido por Alejandro Sabella llegó a 10 unidades, por lo que se posicionó como único líder de las Eliminatorias, con un punto de ventaja sobre Chile.

3 DE JUNIO DE 2015 – #NIUNAMENOS

Leo se sumó al colectivo en contra de la violencia hacia la mujer a través de un mensaje en sus redes sociales.

El día en que se realizaron por primera vez en Argentina multitudinarias marchas a lo largo de todo el país bajo la denominación "Ni una menos", la Pulga se adhirió al pedido y en su cuen-

ta de Facebook publicó: "Basta de femicidios. Desde Barcelona nos sumamos hoy a todos los argentinos para gritar bien alto #NiUnaMenos". El mensaje, además, contenía una fotografía donde se lo veía mostrando la palma de su mano.

4 DE JUNIO DE 2018 - EL G.O.A.T.

En una llamativa tapa de la revista neoyorquina *Paper*, apareció posando junto con una cabra.

A pocos días del comienzo del Mundial de Rusia, muchos se sorprendieron con una imagen que rápidamente se hizo viral por las redes sociales. Leo fue el protagonista de la revista *Paper* junto con una cabra. ¿Por qué la elección de ese animal? El título de la nota fue "Messi: el G.O.A.T". La palabra en inglés significa cabra, pero también coincide con las siglas de la frase "*Greatest Of All Time*" (el más grande de todos los tiempos). "Aunque los críticos (y por supuesto los aficionados de Pelé, Maradona o Cristiano Ronaldo) le han cuestionado la corona, es difícil superar su lista de logros. Hasta la fecha, Messi ha levantado 32 títulos con el Barça, incluidas 9 Ligas y 4 Champions League. Con la Selección Argentina ganó la medalla olímpica en Pekín 2008 y el Mundial Sub 20. A nivel individual, obtuvo cinco Balones de Oro, cinco Botas de Oro y el Guinness World Record por lograr la mayor cantidad de goles oficiales en un año natural. Es también el máximo goleador histórico de la Liga y posee una lista sin fin de récords que no caben en esta página y que no cesa de ampliar", explicaron desde la revista.

5 DE JUNIO DE 2014 – UNA OBRA DE ARTE

En el marco de los festejos por su vigésimo aniversario, el canal deportivo TyC Sports inauguró estatuas de tres glorias del fútbol argentino: Diego Maradona, Gabriel Batistuta y, por supuesto, Leo.

Señalando el cielo, como siempre festeja sus goles: en esa pose decidió el artista Fernando Pugliese recrearlo en una estatua de tamaño real que se ubicó en el Parque Intendente Torcuato de Alvear, en el barrio porteño de Recoleta. Durante la inauguración, además del autor, estuvieron presentes directivos del canal y Horacio Rodríguez Larreta, jefe de Gabinete del Gobierno de la Ciudad de Buenos Aires.

P. D.: Siete años antes, en 2007, había convertido dos tantos en un amistoso ante Argelia, que finalizó 4-3 a favor de Argentina. Además, en 2018, la bebida Gatorade lanzó un entretenido corto animado acerca de su vida, el cual rápidamente se hizo rival en las redes sociales.

6 DE JUNIO DE 2015 - *WE ARE THE CHAMPIONS*

Su cuarta Champions League la ganó ante Juventus: en Berlín, el Barça derrotó 3-1 al conjunto italiano y se quedó con el certamen más importante de Europa.

Fue el día en que Barcelona volvió a reinar en el Viejo Continente. En el estadio Olímpico de Berlín, Leo levantó una nueva Champions y redondeó una temporada brillante, ya que con ese título obtuvo el triplete (no lo conseguía desde el 2009, de la mano de Pep Guardiola). El conjunto dirigido por Luis Enrique tuvo como principal arma a la MSN, el magnífico tridente conformado por él, Suárez y Neymar (entre los tres sumaron 121 goles en la temporada). Este logro, además, significó el 26° título de su carrera, por lo que se convirtió en el jugador argentino más ganador de la historia.

7 DE JUNIO DE 2017 – LA NARANJA MECÁNICA

La revista holandesa *Voetbal International* lo ubicó en el primer lugar de un ranking con los cien futbolistas más destacados de todos los tiempos.

El mejor jugador de todas las épocas fue reconocido una vez más. La revista holandesa *Voetbal International*, una de las más destacadas y antiguas en el mundo del fútbol, se rindió ante los pies de Leo y lo señaló como el más grande futbolista de la historia. En segundo lugar, quedó Diego Maradona y, por detrás, leyendas como Cruyff, Pelé y Di Stéfano.

P. D.: En la despedida ante su público, antes de viajar al Mundial de Brasil 2014, Argentina derrotó 2-0 a Eslovenia, en La Plata, con un tanto de la Pulga.

8 DE JUNIO DE 2018 – UNA PINTURITA

El artista callejero ruso Eropheev Sergey realizó un mural gigante de la Pulga en las calles de Bronnitsy, ciudad donde se concentró Argentina durante el Mundial de Rusia.

En la imagen se puede ver a Leo con la camiseta albiceleste, de brazos cruzados y bastante serio. Detrás de él, los colores celestes

y blancos. "Pintamos el fondo con la bandera de Argentina, y el sol es Messi", explicó el artista.

---

9 DE JUNIO DE 2012 - *O MAIS GRANDE DO MUNDO*

Hat-trick ante Brasil (con un golazo sobre la hora) para un histórico triunfo en Estados Unidos.

A pesar de ser un amistoso, fue un clásico que quedó en la memoria. En Nueva Jersey, Argentina derrotó 4-3 a Brasil, y Leo fue la gran figura. Convirtió tres tantos y se hizo cargo del equipo en los momentos más difíciles. Con el marcador 3-3, a falta de cinco minutos para el final, tomó la pelota en mitad de cancha y avanzó varios metros hasta que la clavó en un ángulo. Golazo para darle el triunfo a la Selección dirigida por Alejandro Sabella.

P. D.: En 2007 recreó una vez más un emblemático gol de Maradona. Luego de sorprender al mundo entero con el tanto que convirtió ante Getafe, le marcó uno con la mano a Espanyol, en una jugada muy parecida a la que Diego protagonizó frente a Inglaterra en el Mundial de México 1986, y que es conocida como "La Mano de Dios".

---

10 DE JUNIO DE 2016 – LA PELOTA SIEMPRE AL 10

Su primera aparición en la Copa América Centenario se dio ante Panamá desde el banco de suplentes: media hora le alcanzó para convertir un *hat-trick* y llevarse el balón a su casa.

Tras ausentarse por lesión en el debut frente a Chile, Leo tuvo sus primeros minutos en la competencia. Con el 1-0 a favor, Martino lo mandó a la cancha en lugar de Augusto Fernández, y la Pulga mostró todo su repertorio. Solo siete minutos necesitó para convertir su primer gol: luego de que la pelota rebotara en la cara del Pipita Higuaín, quedó mano a mano ante el arquero y definió a colocar. Más tarde, la clavó en un ángulo de tiro libre; y, sobre el cierre, marcó el tercero para quedarse con el balón. Con la victoria final por 5-0, Argentina se aseguró la clasificación a los cuartos a una fecha del final.

11 DE JUNIO DE 2005 – EL SUEÑO AMERICANO

El esperado debut en el Mundial Sub 20 de Holanda se dio desde el banco: ante Estados Unidos, jugó 45 minutos y Argentina cayó 1-0.

A pesar de que había llegado a la competencia luego de debutar oficialmente en el Barça, la decisión del técnico Francisco Ferraro fue que comenzara como suplente, tal como había ocurrido en gran parte del Sudamericano. "Leo va al banco y, si lo necesito, lo pongo en el segundo tiempo", explicó. Con el 1-0 en contra, ingresó en el entretiempo por Emiliano Armenteros, pero no pudo hacer demasiado para evitar la derrota. De todas maneras, con el correr de los partidos, tendría su revancha en el torneo.

12 DE JUNIO DE 2018 – EL *ONZE* IDEAL

En Rusia, la Pulga recibió el premio de la revista *Onze Mondial* que lo reconoció como el mejor jugador de la temporada.

"Muchas gracias a los lectores por este premio Onze d'Or. Fue un orgullo recibirlo y aprovecho para mandarles un fuerte abrazo a todos", dijo Leo desde la concentración de la Selección Argentina en Rusia. En la votación que le permitió quedarse con el prestigioso galardón, acumuló 28,6 por ciento de los votos, quedando por delante de Mohamed Salah (26,3) y Cristiano Ronaldo (18,1).

13 DE JUNIO DE 2015 – DOS CARAS

En su debut en la Copa América de Chile, ante Paraguay, Argentina mostró dos versiones muy distintas: tuvo un muy buen primer tiempo (con gol de Leo incluido), pero en la segunda parte se durmió y finalizó 2-2.

Con Leo como bandera, y Agüero y Di María como principales laderos, la Selección dirigida por el Tata Martino comenzó dominando. Con triangulaciones, gambetas y juego colectivo, empezó a inquietar al arco de Silva. Luego de ponerse 1-0 arriba, tuvo un penal a favor que la Pulga convirtió en gol. Sin embargo, todo cambió en la segunda mitad, cuando Paraguay creció en el campo y, a fuerza de empuje y garra, logró igualarlo con tantos de Nelson Haedo Valdez y Lucas Barrios. Por el resultado final no fue un buen debut para Argentina, que, días después, ante el mismo rival, pero por las semifinales, tuvo revancha y goleó 6-1.

14 DE JUNIO DE 2005 – EL FARAÓN

Su segundo partido en el Mundial Sub 20 fue ante Egipto: convirtió un tanto, y Argentina consiguió su primera victoria.

A diferencia del primer encuentro, Leo saltó a la cancha como titular en el Arke Stadion. La albiceleste, que había perdido en su debut ante Estados Unidos, buscaba un triunfo para poder acomodarse en el grupo. La Pulga redondeó un buen partido y lo cerró con un gol: desde la derecha, Gustavo Oberman desbordó, y Leo apareció en el segundo palo para empujar el balón y marcar. El resultado final fue 2-0. Importante victoria.

P. D.: En 2013, en un amistoso ante Guatemala, marcó un *hat-trick*. Fue triunfo de Argentina por 4-0 en el estadio Doroteo Guamuch Flores.

15 DE JUNIO DE 2014 – HOLA, MARACANÁ

El primer partido en el Mundial de Brasil fue en el mítico estadio, ante Bosnia y Herzegovina: convirtió un golazo y fue clave en la victoria de Argentina.

El debut no comenzó de la mejor manera para Leo, ya que durante el primer tiempo no pudo desequilibrar. Sin embargo, en la segunda mitad se benefició con los ingresos de Fernando Gago e Higuaín, jugó más liberado y marcó un golazo para poner el 2-0. Arrancó desde la derecha, como en sus viejas épocas en el Barça, y, tras una pared con el Pipita, definió de zurda, colocando la pelota bien pegada al palo, inatajable para Begović. Sobre el final, Bosnia y Herzegovina descontó: fue victoria 2-1.

16 DE JUNIO DE 2006 – RÉCORD MUNDIAL

Cuando tenía 18 años, 11 meses y 23 días, debutó en la Copa del Mundo de Alemania y se convirtió en el jugador más joven en marcar un tanto y en vestir la camiseta de la Selección Argentina en el certamen.

Luego de no ingresar en el primer encuentro ante Costa de Marfil, a Leo le llegó su chance frente a Serbia y Montenegro. A falta de 17 minutos para el final, saltó a la cancha por Maxi Rodríguez cuando el marcador estaba 3-0 a favor. Rápidamente desbordó por izquierda y asistió a Hernán Crespo. Gambetas, amagues y piques cortos. Aquel chico con la camiseta número 19 resultó imposible de frenar para los europeos. Ya sobre el cierre, tras quedar cara a cara con el arquero, definió de derecha para hacer historia y convertir su primer gol en un Mundial. El resultado final fue 6-0.

P. D.: En 2011, la Legislatura porteña lo declaró "Personalidad Destacada del Deporte", en una distinción votada por unanimidad.

17 DE JUNIO DE 2010 – LE DIO UNA MANU

Durante el Mundial de Sudáfrica, Emanuel Ginóbili escribió sobre Leo en una columna del diario *La Nación*.

"No entiendo lo de Messi. Me molesta mucho la exigencia que hay sobre él. Que no juega como en Barcelona, que debe hacerlo más atrás, más adelante, que no se siente cómodo. Es muy feo que a un gran jugador joven le suceda eso y me molesta. Lo de Diego es parecido, también tiene su exigencia, pero él vivió bajo presión desde que nació y está acostumbrado". Años más tarde, Leo le devolvió la gentileza y escribió el prólogo de un libro sobre su vida, donde contó su afinidad hacia el básquet y su admiración por el bahiense: "Realmente debo admitir que el deporte me gusta. Veo partidos y hay veces que hasta lo juego. Ya me pudieron observar en un video realizando una pequeña competencia con Pepe Costa, un asistente del Barça. No creo tener una buena técnica para el tiro, como dijeron varios al verme embocar esos lanzamientos, pero yo me divierto. También sé que varios jugadores figuras de la NBA usan la camiseta 10 en mi honor y es algo muy especial. Lo mismo que escuchar los elogios de superestrellas como LeBron James, Kevin Durant y Kobe Bryant. Pero ninguno me llegó tanto como el de Manu, cuando salió a respaldarme luego de la Copa América 2011 en la Argentina. Que alguien como él, un deportista de su nivel y compromiso, me haya apoyado de esa manera, me gustó mucho (...) Me causa gran orgullo escuchar a algún periodista decir que Manu es el 'Messi del básquet'. En realidad, deberían decir que yo soy el 'Manu del fútbol'".

18 DE JUNIO DE 2005 – NO TE BANCO

Argentina derrotó 1-0 a Alemania y se clasificó a los octavos de final del Mundial Sub 20. Leo, que salió reemplazado por Lucas Biglia, se enojó por el cambio. Luego del partido, le pidió disculpas al técnico.

Con tres unidades sobre seis posibles, Argentina estaba obligada a ganarle a Alemania para asegurarse la clasificación. En un encuentro parejo, la Pulga aceleró por derecha, tiró el centro al medio, Oberman la dejó pasar y Neri Cardozo marcó el único tanto. Sobre el final, fue expulsado el volante central Juan Manuel Torres, por lo que Biglia tuvo que ingresar para reordenar el mediocampo. El elegido para salir fue Leo, que no pudo disimular su fastidio por tener que retirarse de la cancha. Tras el encuentro y la advertencia del profe Gerardo Salorio, se disculpó con el técnico: "Hoy estuve mal. Le puse cara mala al salir. Lo que pasa, Pancho, es que yo quiero jugar". La respuesta de Ferraro fue clara: "Bueno, está bien. No pasó nada, ¿eh? Pero no se lo hagas ni a Rijkaard, ni a Pancho, ni a ningún técnico. ¿Querías jugar de 5 vos? Tenía que reemplazar a uno, recién acababa de entrar el Kun Agüero y no lo iba a sacar. Entonces no lo hice de capricho. Necesitaba hacer entrar a Biglia, que es volante tapón, pero quedate tranquilo que no pasó nada".

P. D.: En 2007 se quedó por primera vez con el Trofeo EFE como el mejor futbolista iberoamericano en España. Nueve años después, en Estados Unidos, por los cuartos de final de la Copa América Centenario, Argentina derrotó 4-1 a Venezuela. La Pulga, que convirtió un tanto, alcanzó con 54 goles a Batistuta como el máximo anotador en la historia de la albiceleste. "Lo empaté, no lo quebré, pero estar junto a él como mayor goleador de la Selección, con todo lo que eso significa, para mí es un verdadero orgullo", explicó.

19 DE JUNIO DE 2016 – ALIEN TIENE QUE CEDER

Luego de que Leo lo igualara como el máximo goleador en la historia de la Selección Argentina, Batistuta se lo tomó con buena onda y tiró: "Me lo saca un marciano".

"En uno o dos meses voy a dejar de ser el jugador con más goles", había predicho Bati un tiempo antes del arranque de la Copa América Centenario. Y no se confundió, ya que ante Venezuela, la Pulga convirtió un tanto y lo alcanzó como el máximo anotador de la historia de la albiceleste. "No me lo saca un normal, un terrestre, me lo saca un marciano", explicó el legendario delantero argentino.

20 DE JUNIO DE 2011 – PREVIA CON BAILE

La Selección Argentina derrotó 4-0 a Albania en su último encuentro previo a la Copa América. Leo, la figura de la noche, convirtió un golazo y dio dos asistencias.

El rival, *a priori* de mucha menor jerarquía, no presentó problemas para la albiceleste. El amistoso tuvo lugar en el Monumental, estadio que vio brillar una vez más a la Pulga. En primer lugar, asistió al

Pocho Lavezzi para el 1-0. Más tarde, tras una gran jugada colectiva, definió de zurda para aumentar la ventaja. Ya en la segunda mitad, puso un pase quirúrgico para habilitar al Kun Agüero, que no falló. Sobre el final del encuentro, Carlos Tevez marcó el 4-0 para el conjunto de Sergio Batista.

21 DE JUNIO DE 2016 - SOY LEYENDA

Tras convertirle un golazo de tiro libre a Estados Unidos, por la Copa América Centenario, alcanzó los 55 tantos y se convirtió en el máximo goleador histórico de la Selección Argentina.

"¿Si me jodió que Messi me sacara el récord? Un poco, sí. Bastante, no un poco. Era un título que yo tenía, no es cualquier cosa. Vas por el mundo y dicen 'es el máximo goleador de la Argentina'. La ventaja que tengo es que vengo después del extraterrestre", reconoció Bati con el paso del tiempo. Tras 18 años, el exdelantero de Fiorentina perdió la marca a manos de Leo. En aquella jornada, además, Argentina ganó 4-0 y se clasificó a la final del certamen, que cinco días más tarde perdería por penales ante Chile.

P. D.: Dos años antes, en el Mundial de Brasil, un golazo de Leo desde afuera del área le había permitido a Argentina vencer sobre la hora a Irán y pasar a los octavos de final.

22 DE JUNIO DE 2005 - ¡A CUARTOS!

Por los octavos de final del Mundial Sub 20, Argentina se enfrentó a Colombia, que había sido campeón del Sudamericano de ese año. Con un tanto de Leo y otro de Julio Barroso, en la última jugada del partido, consiguió la clasificación a la siguiente instancia.

Por haber finalizado en la segunda posición de su grupo, la albiceleste tuvo un choque muy difícil en su primer mano a mano en el torneo. Colombia, que contaba con jugadores como Radamel Falcao García, Juan Zúñiga, Abel Aguilar, Dayro Moreno y Cristian Zapata, comenzó arriba en el marcador. Tras una pared con Neri Cardozo y un fuerte zurdazo al primer palo, Leo igualó el encuentro. Luego, en la última jugada, apareció Barroso y, con un golazo desde afuera del área, estableció el triunfo. Tras el saque desde el mediocampo, el árbitro pitó el final.

P. D.: En el Mundial de 2010, ante Grecia, fue capitán de la Selección Argentina por primera vez.

23 DE JUNIO DE 2016 – FURIA DE TITANES

A 72 horas de jugar la final de la Copa América Centenario ante Chile, criticó duramente a la Asociación del Fútbol Argentino por la demora de un vuelo de avión.

Y un día se enojó. Explotó y todo el mundo se enteró de la ira del capitán. A través de su cuenta de Instagram, descargó toda su bronca por el retraso del vuelo hacia Nueva Jersey, donde se iba a disputar la final del certamen. Debajo de la imagen, donde se lo veía junto al Kun Agüero (ambos con cara de enojados y con mate en mano), decía: "Una vez más esperando en un avión para intentar salir al destino. ¡Qué desastre son los de AFA, por Dios!".

P. D.: En 2008, durante la entrega de los Premios Nacional del Deporte, fue distinguido con el Trofeo Comunidad Iberoamericana. En 2017, fue galardonado con el Aldo Rovira como el mejor jugador del Barça en la temporada 2016/2017.

24 DE JUNIO DE 1987 – NACE UNA ESTRELLA

En la Clínica Italiana de Rosario nació Lionel Andrés Messi, el tercer hijo de Celia Cuccittini y Jorge Messi.

El bebé, que pesó 3,600 kilos y midió 47 centímetros, llegó al mundo con un susto: se temía que fuera necesario provocar el parto con un fórceps debido a un sufrimiento fetal agudo, pero finalmente nació de modo natural. Contrariamente a lo que se cree en general, los padres en un primer momento decidieron llamarlo Leonel, pero cuando Jorge fue al Registro Civil a anotar al futuro mejor jugador del mundo, consultó por otros nombres y en la lista figuraba Lionel, por lo que cambió su decisión. Contrariamente a algunas versiones que circularon, la elección no tuvo nada que ver con el famoso cantante estadounidense Lionel Richie.

25 DE JUNIO DE 2014 – DIFERENCIAS

Con dos tantos suyos, Argentina derrotó 3-2 a Nigeria y se aseguró el primer puesto de su grupo en el Mundial de Brasil. Durante el entretiempo, la televisión captó un divertido diálogo entre el arquero Vincent Enyeama y el árbitro Nicola Rizzoli, en el que el nigeriano se quejaba del gran nivel que había tenido Leo durante el primer tiempo.

"Argentina vs. Nigeria: la Selección ganó 3-2 solo gracias a Lionel Messi", tituló el sitio web de *La Nación* tras el partido. El primer tiempo que tuvo ante el equipo africano en el estadio Beira-Rio fue brillante: marcó tras un rebote, después ejecutó un tiro libre que el arquero le sacó en el ángulo y, más tarde, tuvo su revancha de pelota parada, pero esta vez fue un golazo. "Le cobraron a Messi muchos tiros libres, ya metió dos goles", le reprochó Enyeama al árbitro, que se sinceró: "Es muy difícil, sé lo que me estás diciendo". La respuesta del arquero fue contundente: "Estoy llorando porque él es muy bueno y yo muy malo".

P. D.: Por los cuartos de final del Mundial Sub 20 de Holanda, le convirtió un tanto a España en un triunfo 3-1 que clasificó a Argentina a semifinales.

26 DE JUNIO DE 2018 – NO SE PUSO COLORADO

Con una volea de Marcos Rojo, Argentina se clasificó de manera agónica a los octavos de final del Mundial de Rusia. Antes, Leo había marcado un verdadero golazo para adelantar en el marcador a la albiceleste.

La Copa del Mundo de Rusia 2018 no fue como ningún argentino la soñó. Sin embargo, ante Nigeria, la alegría se hizo presente por un rato. Leo y compañía tenían que ganar sí o sí para pasar de ronda. En un equipo que nunca encontró su funcionamiento, las individualidades lo salvaron y avanzó a octavos. A los 14 minutos, tras una gran asistencia de Ever Banega, la Pulga convirtió un golazo: en el aire, la paró con el muslo, se la llevó sin que picara y, una vez que dominó el balón, sacó un derechazo para poner el 1-0. Todo hacía pensar que iba a ser una jornada tranquila, pero, en el segundo tiempo, Victor Moses igualó de penal. Inmediatamente, la albiceleste se adelantó en el campo y fue en busca de la clasificación, ya que con el empate se quedaba afuera. Y tanta insistencia tuvo su recompensa: a falta de cinco minutos, Mercado lanzó un centro por derecha y Rojo, de volea, convirtió el agónico tanto. En el festejo, la Pulga se colgó por la espalda del inesperado goleador, en una imagen que quedó en la memoria.

P. D.: Día doloroso. Luego de igualar 0-0 ante Chile, por la final de la Copa América Centenario, Argentina cayó por penales (Leo erró el suyo). Fue la tercera final seguida perdida con la camiseta celeste y blanca.

27 JUNIO DE 2016 – *THE END*

Tras perder la final de la Copa América Centenario, pasada la medianoche sorprendió a todos los periodistas al anunciar su retiro de la Selección. Finalmente dio marcha atrás y volvió a los pocos meses.

Apenas terminó el partido, en el que erró un penal en la definición, se lo vio llorando en el campo de juego. El dolor por perder tres finales consecutivas con la Selección fue muy grande. Todos estaban esperando su palabra. Y fue tanta la bronca y la impotencia, que se descargó: "Ya lo intenté mucho, no es para mí. No pude ser campeón para Argentina y lamentablemente no lo voy a seguir intentando. Se terminó la Selección para mí. Es lo mejor para mí y para muchos que quieren eso", manifestó ante las atónitas miradas de los periodistas, que no podían creer lo que escuchaban. Sobre el final, enfatizó: "Ya son cuatro finales perdidas y es difícil seguir. Encima erré un penal. Ya está, es una decisión tomada".

P. D.: Luego de la declaración, miles de hinchas argentinos comenzaron una campaña por redes sociales para que revea su decisión. "Le erré en decirlo en caliente", explicó unos años después. Lo cierto es que, durante aquel 2016, se arrepintió y volvió a jugar con la celeste y blanca ante Uruguay, encuentro en el que convirtió un tanto y fue la figura.

28 DE JUNIO DE 2005 – DECIME QUÉ SE SIENTE

Ante Brasil, por la semifinal del Mundial Sub 20, la rompió: primero abrió el marcador con un golazo y, sobre la hora, asistió a Zabaleta para ganarlo.

"Messi es *crack*, es distinto. Es un jugador que está destinado a marcar una época", manifestó Juan Pablo Varsky, periodista que comentó aquel encuentro, tras la conquista de Leo desde afuera del área que significó el 1-0 a favor de Argentina. Sin embargo, Brasil llegó al empate a falta de quince minutos, con un cabezazo de Renato. Sobre la hora, la Pulga se iluminó: la agarró sobre la izquierda, superó a un rival, desbordó y tiró el centro atrás para que Zabaleta marcara el 2-1 y con eso lograron el ansiado pase a la final.

P. D.: Dos años después, en 2007, hizo su debut en una Copa América: fue en un triunfo 4-1 ante Estados Unidos. En 2016 se inauguró una estatua suya en Costanera Sur, Ciudad de Buenos Aires. El lugar, denominado "Paseo de la Gloria", ya contaba con las figuras de destacados deportistas argentinos, como Emanuel Ginóbili, Luciana Aymar, Guillermo Vilas, Gabriela Sabatini y Juan Manuel Fangio.

29 DE JUNIO DE 2004 – EL DIARIO DEL DOMINGO

Ante Paraguay, en el estadio de Argentinos Juniors, debutó en la Selección Sub 20, en un encuentro realizado únicamente para que él jugara por primera vez con la albiceleste. Para ingresar, los hinchas tuvieron que llevar un periódico para el Hospital Infantil Garrahan, que juntaba papel para recaudar fondos.

"Armá dos partidos con árbitro internacional y que firme planilla", le ordenó Julio Grondona a Hugo Tocalli, para evitar que Leo jugara en la Selección de España. Lo cierto es que su deseo siempre fue el de representar los colores celestes y blancos. Por ese motivo no se dejó seducir por los europeos y se mantuvo firme en su convicción. Con 17 años recién cumplidos, le llegó al final su oportunidad. Aquella noche comenzó el encuentro en el banco de suplentes, a la espera de su momento. Con el resultado 4-0 a favor, hizo su debut con la camiseta número 17. Tras dar dos asistencias (un centro de tiro libre para el quinto y un pase filtrado de derecha para que Federico Almerares convirtiera el sexto), marcó su tanto: luego de recibir el balón cerca de la mitad de la cancha, aceleró, dejó a dos hombres en el camino, luego al arquero y definió de zurda para redondear un verdadero golazo. "Es una jugada extraordinaria de él, de las de ahora. Gambeteó, todo lo que salía lo gambeteaba. Y yo dije: 'Acá tenemos un *crack*'", recordó tiempo después el profe Salorio.

30 DE JUNIO DE 2017 – PUEDE BESAR A LA NOVIA

En el Hotel City Center-Casino de Rosario, ante familiares y amigos, Leo y Antonela se casaron.

Finalmente dieron el sí. Entre sonrisas, lágrimas y mucha alegría, Leo y Antonela se convirtieron en marido y mujer tras una larga relación de amor. Con la presencia de 260 invitados, entre los que se destacaban el plantel completo del Barça, jugadores de la Selección Argentina y excompañeros, se llevó a cabo la emotiva ceremonia. Una de las principales sorpresas de la noche fue la aparición de Abel Pintos, que cantó mientras los novios se ponían los anillos. La pareja, además, tomó la decisión de no recibir regalos y les pidió a los presentes que donaran el valor del obsequio

a la Fundación Techo Argentina, una organización no gubernamental que trabaja en la construcción de viviendas sociales. "Para transformar nuestra alegría en un acto de solidaridad, en lugar de un obsequio pedimos una donación", decía en la invitación del casamiento.

P. D.: Paradójicamente, en cuanto a lo futbolístico, esta fecha resultó ser poco agradable para Leo, ya que quedó eliminado en dos oportunidades de un Mundial: en 2006, ante Alemania, con él sentado en el banco de suplentes sin ingresar ni un minuto (una foto que recorrió el mundo); y en 2018, ya como capitán, con una dolorosa derrota 4-3 ante Francia.

FIFA
18
10
FIFA

JULIO

1° DE JULIO DE 2014 – BOMBÓN SUIZO

Gran jugada y asistencia para que Di María convirtiera en tiempo extra, ante Suiza, el gol que le dio a la Selección Argentina el pase a los cuartos de final del Mundial de Brasil.

Cuando el partido se encaminaba a los penales, el genio frotó la lámpara. En un jugadón, en el minuto 117, se escapó de la marca de Inler, dejó en el camino a Schar y asistió a Di María, que, de zurda, definió para el desahogo de los argentinos presentes en el estadio. Sin embargo, el partido resultó aún más dramático: tres minutos después, el palo le negó el empate a Suiza. Con el 1-0 final, Argentina se clasificó a los cuartos de final, donde se enfrentaría a Bélgica.

2 DE JULIO DE 2005 – UN LÍO MUNDIAL

Doblete a Nigeria en la final del Mundial Sub 20: título, Balón de Oro al mejor jugador y Bota de Oro como máximo goleador.

"Traete la Copa", le pidió Maradona por teléfono, antes del partido, a Leo. En la final se enfrentó ante Nigeria, equipo que tenía como principal estrella a Obi Mikel. Por los dos goles de penal que convirtió, y las incansables gambetas durante todo el partido, la Pulga fue la gran figura. "Uno se admiraba y se preguntaba cómo lo puede hacer. Y lo hacía. No se sorprendió ni en la final del Mundial. Él pateaba el penal como si estuviese en el patio de su casa. Y los dos remates fueron distintos, a distintos lugares", analizó el técnico Ferraro. Con el trofeo en la mano, una remera que decía "Para Mari-Bruno Tomi-Agus", y una sonrisa de oreja a oreja, celebró el histórico título. A pesar de que ya estaba asomando en el primer equipo del Barça, luego de esta competencia comenzó a ser mucho más conocido en la Argentina.

P. D.: En 2016, tras su renuncia a la Selección, miles de hinchas realizaron un banderazo en el Obelisco para que no abandonara la albiceleste. A pesar de una intensa lluvia, mucha gente dijo presente.

3 DE JULIO DE 2004 – EL PIBE MESSI ES COSA SERIA

Con este título, el diario *Olé* calificó su rendimiento en su segundo encuentro con la Selección Argentina Juvenil. Ante Uruguay, 45 minutos le bastaron para convertir dos tantos y ser la figura del amistoso.

Cinco días después de vestir por primera vez la camiseta celeste y blanca, viajó a Colonia para disputar un nuevo amistoso ante un combinado juvenil uruguayo, que entre sus titulares contaba con el defensor Diego Godín. Como contra Paraguay, Leo comenzó el partido sentando en el banco de suplentes, pero una vez que ingresó dejó atónitos a todos. Con el resultado 1-1, saltó a la cancha en la segunda mitad por Pablo Vitti. Tras convertir dos tantos, asistió al Pocho Lavezzi luego de una gran jugada: "El arquero sale jugando con el tres. Y Leo estaba como a diez metros, ¡qué va a llegar un tipo normal!, pero Leo llegó. Lo gambeteó a él, gambeteó al arquero y le quedó un espacio chiquito entre el palo y la línea, tic, se la tocó atrás para que Lavezzi venga y la empuje. Y dije: 'Noooo, acá estamos ante un tipo...'", recordó, años después, el profe Salorio.

P. D.: En el Mundial de Sudáfrica de 2010, las ilusiones de Leo se hicieron añicos tras perder 4-0 ante Alemania y quedar eliminado. Golpe duro.

4 DE JULIO DE 2015 – NO HAY CONSUELO

Para sorpresa de todos, Argentina cayó 4-1 por penales ante Chile en la final de la Copa América.

Luego de perder ante Alemania en el Mundial del año anterior, la Copa América se presentó para Leo y Argentina como una gran posibilidad de cortar la larga sequía de títulos (por aquel entonces, 22 años), pero ni el tiro del final salió. En un partido en el que nunca se sintió cómodo, el título quedó para el local. Con el 0-0 en el resultado, el certamen se tuvo que definir por penales. Leo, que pateó primero, fue el único argentino que convirtió. "Hicimos méritos para ganarla", explicó tiempo después.

5 DE JULIO DE 2014 – EL RUBICÓN

Luego de 24 años, Argentina se clasificó a las semifinales de un Mundial, al derrotar 1-0 a Bélgica. Leo, que jugó los 90 minutos, redondeó un buen partido.

"Siento una gran alegría por todo este plantel, por el cuerpo técnico, por la gente, por mi familia, por todo. Cruzamos el Rubicón. Fue el mejor encuentro en el aspecto del equilibrio y del juego", explicó el entrenador Alejandro Sabella tras la victoria. De eso se trató el partido para la Pulga y toda la Argentina, de poder dar ese decisivo paso para acceder a las semifinales de una Copa del Mundo después de tanto tiempo. En cuanto a lo futbolístico, la albiceleste consiguió la ventaja gracias a un tanto del Pipita Higuaín. Leo se mostró muy metido, participativo y en constante búsqueda de la pelota, aunque no pudo convertir. Sobre el final tuvo una clarísima de contra: corrió con el balón desde la mitad de la cancha, pero, a la hora de enfrentar a Courtois, llegó muy exigido y el arquero contuvo el remate. Con el 1-0, Argentina se clasificó a semifinales, donde tendría que enfrentar a Holanda.

6 DE JULIO DE 2011 - EL ÚLTIMO *ROUND*

Tras igualar 0-0 ante Colombia por la Copa América, Leo se peleó con Nicolás Burdisso. "Entramos al vestuario discutiendo, y cuando vi que venía, me paré como para pelear, pero justo nos separaron", confesó el defensor.

Durante la Copa América de 2011, la Selección Argentina no tuvo buenas actuaciones y quedó eliminada en cuartos de final ante Uruguay. Frente a Colombia, por la zona de grupos, empató 0-0 y puso en riesgo su clasificación. Tras el empate, la Pulga tuvo un altercado con Burdisso. "Discutimos dentro de la cancha, él quería la pelota, yo se la quería dar, pero no podía, él estaba incómodo con el partido, yo con la situación, cosas que se dan. Entramos al vestuario peleando, discutiendo, y cuando vi que venía, me paré como para pelear, pero justo nos separaron", reveló el defensor, años después, en un programa de televisión. Asimismo, explicó: "Peleas de este tipo son muy comunes en el fútbol. Lionel tiene un carácter fuerte, y está bueno eso, yo soy igual".

7 DE JULIO DE 2006 – PROMESA MUNDIAL

Junto con Luis Valencia y Cristiano Ronaldo, fue uno de los más votados en una encuesta en internet para elegir al mejor jugador joven de la Copa del Mundo de Alemania. El premio lo ganó Lukas Podolski.

Desde el 9 de junio, los hinchas tuvieron la posibilidad de elegir en la página de la FIFA a su jugador joven preferido de la Copa

del Mundo. Leo fue uno de los más votados, y quedó entre los seis finalistas, junto con Cristiano Ronaldo, Luis Valencia, Lukas Podolski, Cesc Fàbregas y Tranquilo Barnetta. Finalmente, el Grupo de Estudios Técnicos, conformado por 14 miembros, premió al delantero alemán, que había sido cuarto en la votación de los internautas.

8 DE JULIO DE 2007 - ¡GRITALO!

Su primer tanto en una Copa América se lo marcó a Perú, por los cuartos de final.

Luego de conseguir el primer puesto del grupo C, a la Selección Argentina le tocó enfrentarse a Perú. Y aunque el resultado final fue victoria 4-0 para la albiceleste, el primer gol recién lo pudo convertir en el segundo tiempo tras un remate desde afuera del área de Riquelme. Justamente Román, minutos más tarde, con un gran pase filtrado, habilitó a Leo, que, con un suave toquecito de zurda, marcó el 2-0 y su primer tanto en una Copa América. Con la victoria, el equipo dirigido por Alfio Basile se clasificó a las semifinales del torneo, donde enfrentaría a México.

9 DE JULIO DE 2001 – LA CARTA

Preocupado por la situación contractual de su hijo, Jorge Messi le escribió a Joan Gaspart.

El Barça no pagaba lo que habían acordado, y tampoco conseguía acelerar los trámites burocráticos, por lo que Leo jugaba en las juveniles con limitaciones por ser extranjero. El contrato requería la firma de un vicepresidente, sin la cual la tesorería no podía pagar. Ante este panorama, su papá Jorge le escribió una carta al directivo Joan Gaspart, donde le explicó el momento que estaban viviendo: "Mi situación y la de mi familia es gravísima. He hecho todas las previsiones económicas para sustentarnos hasta el corriente mes, en el que debían ponerse en vigencia definitiva los acuerdos firmados, y hoy me encuentro sin previsiones de nuevos cobros y sin un interlocutor que me informe sobre cuáles serán las acciones para seguir".

P. D.: Trece años después de esta carta, Leo se encontraba en una situación muy distinta: en Brasil, luego de vencer por penales a Holanda (convirtió el primero de la serie), se clasificó a la final del Mundial de Brasil.

10 DE JULIO DE 2018 – RÓMULO Y LEO

Mientras el mundo del fútbol hablaba del pase de Cristiano Ronaldo a Juventus, desde Roma salieron a bancar a la Pulga con un llamativo posteo en Twitter.

La llegada de CR7 a Juventus revolucionó Italia. Y la Roma, desde su cuenta oficial de Twitter, se sumó a la movida. Bajo el título "*The King of Rome and the GOAT*", subió cuatro fotos de la Pulga junto a Totti (al usar el acrónimo G.O.A.T., estaban considerando a Leo como el mejor futbolista de todos los tiempos). Este no fue el único guiño del club italiano hacia él: en una oportunidad, citó un tuit que decía "¿Qué jugador te gustaría como refuerzo para invierno?", y contestaron "Messi" con el *emoji* de una cabra. Al rato, la cuenta oficial del Barça respondió con buena onda: "Cuando sabes, sabes".

11 DE JULIO DE 2007 – GOLAZO DE AMÉRICA

Ante México, por las semifinales de la Copa América, marcó un tanto espectacular por encima del arquero.

El golazo fue tan extraordinario que la clasificación de Argentina a la final pasó a un segundo plano. A los 15 minutos del segundo tiempo, recibió un pase de Tevez en el vértice del área y, tras dominar la pelota, se la picó por arriba al arquero Sánchez, dejando incrédulos a todos los presentes. Inmediatamente, salió corriendo al córner para festejarlo con mucha euforia. En el banco, el técnico Basile no podía creer el tanto que acababa de ver. "Pulga atómica, qué pedazo de gol que hiciste. Todo el estadio de pie para aplaudir esta obra maestra (...) Cerramos la cancha, nos vamos. ¿Para qué tenemos que seguir después de haber visto esto?", se preguntó Walter Nelson en la trasmisión de TyC Sports. Por su parte, el diario deportivo *Olé*, al día siguiente, publicó en tapa: "Messico 86. El Maradona del siglo XXI metió un gol de antología".

12 DE JULIO DE 2009 – MESSI TIENE LEPRA

Y un día, finalmente, cumplió un sueño que tenía desde muy pequeño: ante una multitud que lo ovacionó, jugó un partido en el estadio de Newell's.

En el marco de un encuentro solidario organizado por el Pupi Zanetti y Maxi Rodríguez, Leo se dio un gusto. Un viejo anhelo, uno de esos que posiblemente lo hayan llevado a ser futbolista.

"Y Messi tiene lepra, y Messi tiene lepra", cantaron sin parar las 35.000 almas que se hicieron presentes en el Coloso del Parque de la Independencia. "Estoy muy feliz de pisar el césped de esta cancha. Es algo que siempre quise y, además, puedo dar una mano en esta idea de Maxi y de Javier. Lo de la gente, impresionante. Me hicieron sentir muy bien", explicó tras el encuentro.

P. D.: Llamativamente, esa misma fecha, pero dos años después, jugaría otro encuentro solidario en el mismo estadio: convirtió dos tantos y fue ovacionado por el público cada vez que tocó la pelota. En 2012 ganó el premio ESPY como el mejor deportista internacional de la temporada.

13 DE JULIO DE 2014 – EL DÍA MÁS DOLOROSO

El sueño no se pudo hacer realidad: frente a Alemania, en el Maracaná, perdió la final del Mundial de Brasil.

La desilusión fue muy fuerte. Un país entero estaba expectante, pero no pudo ser. Argentina no aprovechó las situaciones con las que contó, y Alemania fue pura eficacia: en la prórroga, consiguió el 1-0 de la mano de Mario Götze. Lo más doloroso para Leo fue que, apenas iniciado el segundo tiempo, tuvo una situación muy clara, pero su zurdazo salió pegado al poste izquierdo de Manuel Neuer. "Qué sé yo, qué querés que te diga. Una lástima, una lástima esa como otras más que tuvimos. En ese partido, creo, las más claras las tuvimos nosotros. Nos vamos a arrepentir toda la vida de esas situaciones que tuvimos y no pudimos meterla adentro", explicó tiempo después en un video difundido por la FIFA.

P. D.: Tras la final, le otorgaron el Balón de Oro como mejor jugador de la Copa del Mundo. Ya había sido reconocido como *Man of the Match* (jugador del partido) en los encuentros ante Bosnia, Irán, Nigeria y Suiza.

14 DE JULIO DE 2010 – UNA MANO

En la ciudad de Panamá se disputó un partido a beneficio entre "Los amigos de Messi" y "El resto del mundo".

Más de 35.000 personas asistieron al estadio Rommel Fernández para presenciar el encuentro y colaborar con los más necesitados. Por un lado, "Los amigos de Messi", equipo que estaba integrado por Leo, Palermo, Forlán, Verón, Gabriel Milito, Ortega, Arango, Lugano, Perea, Abreu, Córdoba, Luis Suárez, Baptista, Cafú, Neymar, Vagner Love y Radamel Falcao. Por el otro, "El resto del mundo", que contó con Materazzi, Luis García, Pernía, Assuncao, Juan Antonio Reyes, Couto, Helguera, Pauleta, Morientes, Borgetti, Gilardino, Altidore, Edgar Davids, Camoranesi, Stankovic, Palencia, Oscar Pérez, Oswaldo Sánchez y Kevin Kuranyi. Entre risas, lujos y golazos, todos se divirtieron dentro de la cancha y le brindaron al público un buen espectáculo. El resultado final fue 6-4 a favor del equipo de la Pulga.

---

15 DE JULIO DE 2007 – DECEPCIÓN

Sorpresiva derrota 3-0 ante Brasil en la final de la Copa América.

Se dice que en los clásicos no hay favoritos, y menos en las finales. Pero lo cierto es que, para este encuentro, Argentina picaba en punta para ganar por dos motivos: primero, el rendimiento propio, ya que había llegado a esa instancia goleando a casi todos sus rivales; en segunda medida, porque el conjunto brasileño contaba con muchos suplentes (Ronaldinho y Kaká, por ejemplo, no formaron parte del plantel). Sin embargo, la alegría fue para los cariocas, y la albiceleste se quedó con mucha bronca por no cortar la larga sequía de 14 años sin conseguir títulos. A pesar de la derrota, tras el partido, Leo fue premiado como el jugador joven más valioso del torneo. Un premio que no fue consuelo.

P. D.: En 2015 ganó el premio ESPY como el mejor deportista internacional de la temporada.

---

16 DE JULIO DE 2011 – EN CASA NO

Como local, Argentina perdió por penales ante Uruguay y quedó eliminada de la Copa América. Mucha bronca para Leo, que asistió a Higuaín en el único tanto y convirtió en la definición.

Desde el comienzo del certamen, Argentina era la clara favorita para quedarse con el título. Por historia, localía y por contar con el mejor jugador de mundo, la Selección comandada por Sergio Batista estaba con la obligación de dar la vuelta olímpica, pero Uruguay apareció en cuartos de final. En Santa Fe, el local comenzó perdiendo, a partir de un tanto de Diego Pérez. Minutos después, Leo le dio un pase a la cabeza de Higuaín para que igualara el encuentro. Tras el 1-1, y el tiempo suplementario en el que no se sacaron ventaja, el partido se definió por penales. Allí, la Pulga marcó el primer tanto de la tanda, pero finalmente el conjunto charrúa se quedó con el triunfo 5-4.

17 DE JULIO DE 2016 – NADA PERSONAL

En Ibiza, un fanático nadó en el océano hasta su yate solo para saludarlo.

La locura y el amor de los hinchas por él no conocen límites. De vacaciones, mientras descansaba en el mar Mediterráneo, un fanático se tiró al agua y nadó un largo tramo desde la orilla hasta la embarcación donde se encontraba la Pulga, solo para saludar a su ídolo. Una vez allí no logró subir, pero desde abajo posó para la foto con Leo, sorprendido por lo que estaba viendo, de fondo.

18 DE JULIO DE 2012 – HASTA AHÍ, LA PALABRA

Tras retornar de sus vacaciones, se sentó ante los medios de comunicación por primera vez en la sala de prensa de la Ciudad Deportiva Joan Gamper.

El dolor por la eliminación ante Chelsea, en la semifinal de la Champions, todavía estaba presente. A pesar de los meses que habían pasado, la bronca de Leo por el penal que erró ante Petr Cech seguía latente. "Tengo una espinita clavada", confesó.

A continuación, otros títulos que dejó:

• "No busco, ningún año, hacer más goles que el anterior. Mi objetivo es conseguir los máximos títulos y pelear por ellos hasta el final".

• "¿Mi techo? ¡He respondido 500 veces a eso! Intento crecer y seguir mejorando, no sé si voy a continuar a este mismo nivel, pero intentaré mantenerlo".

• "Ojalá Xavi o Iniesta consigan el Balón de Oro. Se lo merecen, pero faltan seis meses y pueden pasar muchas cosas. Me gustaría que este trofeo se quede en el vestuario un año más".

• "Nunca imaginé encontrarme a Tito (Vilanova) en Primera. Lo conozco y estoy encantado de que esté con nosotros".

• "Con Tito intentaré ser el mismo que con Pep, con el peso que he tenido siempre, todos tenemos un peso aquí. Hay buena gente y cada uno sabe lo que tiene que hacer".

• "Tenía ganas de volver, no estoy acostumbrado a tener tantas vacaciones".

P. D.: En 2015, viajó a Gabón para poner la primera piedra del nuevo estadio de Port Gentil. Ali Bongo, presidente del país africano, hasta tuvo que hacer de chofer improvisado de Leo y contó: "Cuando estuve en Barcelona, hace algunos años, me encontré con Messi y me dijo que vendría a visitarme a Libreville. Fue una promesa que me hizo. Es un hombre de honor que ha cumplido su palabra. El calendario hizo bien las cosas y ha correspondido con la colocación de la primera piedra".

19 DE JULIO DE 2016 – GOLEADOR DE RAZA

La universidad de Lleida buscó una explicación científica a sus cualidades y llegó a la conclusión de que Leo es "único en su especie".

En una investigación liderada por el INEC Lleida, con la colaboración de la Universitat de Barcelona y la Universidad de Oporto, distintos especialistas comprobaron científicamente algunas virtudes que posee Leo. El estudio, basado en 103 acciones individuales que terminan en goles suyos, fue publicado en la revista internacional *Frontiers in Psychology*. Dentro de las conclusiones, se destacó que Leo maneja el interior del pie para controlar la pelota, seguido del exterior para avanzar; que normalmente se mueve de derecha a izquierda para crear ocasiones de gol; que cuando está de espaldas al arco, se apoya y gira sobre la pierna derecha, dejando libre la izquierda para ejecutar con más precisión; y que, pese a ser zurdo, utiliza el pie derecho cuando es necesario.

20 DE JULIO DE 2004 – NO PALAMOS

Su primer tanto con el Barça lo marcó en un encuentro amistoso ante el equipo de Gerona.

A los 17 años formó parte de una convocatoria llena de juveniles para jugar un amistoso ante Palamós. En el Camp Municipal, a los 75 minutos, marcó su primer gol con la camiseta blaugrana: tomó la pelota cerca del área y, luego de avanzar unos metros, definió cruzado por abajo, inalcanzable para el arquero Rojas. "Aún es joven, pero ya se ve en él algo especial", explicó el técnico Rijkaard luego de la victoria 6-0. Al día siguiente, en el diario *Mundo Deportivo* analizaron su rendimiento: "Jugó como ariete y lo hizo bastante bien. Además, marcó un golazo digno de un *crack*".

21 DE JULIO DE 2010 – XAVI TIENE LA PALABRA

El volante español, campeón y figura en la Copa del Mundo de Sudáfrica, aseguró que Leo fue el mejor jugador del certamen.

En una entrevista que le concedió a *Don Balón*, el *crack* de la Selección de España fue consultado sobre quién fue el mejor de Sudáfrica 2010. "Yo creo que Messi ha sido el número uno. No hay duda en eso. Todo lo que hizo su equipo lo creó él. Considero que ha hecho un Mundial extraordinario". Además, lo comparó con dos leyendas, Zinedine Zidane y Maradona, explicando que Leo es la combinación perfecta entre ambos: "Esa mezcla es Messi, que tiene lo de uno en lo colectivo y lo del otro en lo individual. Y estamos hablando de que lo es a 30 años de Diego, con lo que han cambiado y se han endurecido los sistemas".

22 DE JULIO DE 2017 – SIEMPRE AMISTOSOS

En un encuentro de pretemporada ante Juventus, Leo y Neymar mostraron un gran rendimiento y le dieron la victoria 2-1 al Barça.

En Estados Unidos, ambos equipos disputaron un amistoso a modo de preparación para la temporada que iban a afrontar. Leo, en el MetLife Stadium, jugó tan solo 45 minutos. Durante ese lapso participó del primer tanto de Neymar junto con Paco Alcácer y, más tarde, asistió al brasileño para que marcara el 2-0.

23 DE JULIO DE 2018 – DE UN MESSI A OTRO

Tras el Mundial de Rusia, toda la familia se tomó unos días de vacaciones en Ibiza. Allí, Rodrigo, uno de sus hermanos, dejó ver en su espalda un tatuaje de Leo celebrando un gol.

No solo los hinchas de Barcelona, de la Selección Argentina o del fútbol en general le dedican tatuajes. Hasta su hermano Rodrigo dejó en evidencia su admiración por la Pulga. En Ibiza, mientras toda la familia Messi descansaba, se hizo viral en redes sociales una fotografía donde se lo veía con un tatuaje de Leo festejando un gol de 2014, ante Espanyol, en su omóplato izquierdo.

24 DE JULIO DE 2008 – LA 10 DEL 10

En un amistoso ante Hibernian utilizó por primera vez la emblemática camiseta número 10 del Barça.

Solo una semana atrás, su amigo Ronaldinho había sido presentado en Milan y su número de camiseta había quedado vacante, por lo que Leo fue su el heredero. En el inicio de la pretemporada, bajo las órdenes de Pep Guardiola, el equipo culé se enfrentó ante

Hibernian de Escocia. Fue en aquel encuentro cuando la Pulga, por primera vez, jugó con el número 10 en la espalda (aunque sin su apellido por encima). El partido finalizó 6-0 a favor del conjunto blaugrana, con dos goles de Leo.

P. D.: En 2018, a una década de ese encuentro, el Barcelona lo recordó en su sitio web y redes sociales, donde publicó distintos videos de aquel día e hizo un repaso por los diez años de Leo con el emblemático número en la espalda.

25 DE JULIO DE 2014 – *ADEUS*

En su primera aparición en una cancha tras el Mundial de Brasil, Leo dijo presente en el encuentro despedida de Deco en Portugal.

Tras dejar el fútbol profesional en Fluminense, el volante nacionalizado portugués tuvo su partido homenaje en el Estadio do Dragao. Allí se enfrentaron el Porto del 2004 ante el Barça del 2006, ambos equipos campeones de la Champions League con Deco como una de sus principales figuras. Junto con Samuel Eto'o, Ludovic Giuly y Sylvinho, entre otros, Leo jugó casi todo el segundo tiempo. Entre algunos silbidos del público portugués (claro está, defensor de CR7), regaló pinceladas de su talento y marcó un tanto de cabeza. El resultado final, anecdótico, fue empate 4-4.

26 DE JULIO DE 2017 – FELIZ CON LEO

Tras un amistoso ante Manchester United, el reconocido cantante Maluma visitó al plantel del Barça y se sacó una *selfie* con la Pulga.

En Washington, el colombiano tuvo la suerte de cumplir el sueño de muchos: luego de la victoria 1-0 ante el conjunto inglés, con un tanto de Neymar, se acercó al vestuario catalán y se sacó una foto con Leo, la cual subió a su cuenta de Instagram. "Antes de ídolo, gran persona", decía la imagen, que tuvo más de un millón de *likes* y que recorrió el mundo entero.

27 DE JULIO DE 2011 – EL HOMBRE MARAVILLA

Fue declarado Patrimonio Deportivo Histórico de la Humanidad junto con Pelé y Hugo Sánchez.

La designación preliminar, hecha por Xavier Tudela, presidente del Bureau Internacional de Capitales Culturales, contaba con un

total de 42 jugadores argentinos (entre los que estaban, por ejemplo, Alfredo Di Stéfano, Mario Alberto Kempes y Diego Armando Maradona) que podían quedarse con el reconocimiento. Sin embargo, por votación de 327.496 personas de 72 países diferentes, Leo fue declarado Patrimonio Deportivo Histórico de la Humanidad de Argentina. Además, Pelé y Hugo Sánchez fueron reconocidos por Brasil y México, respectivamente.

---

28 DE JULIO DE 2017 – FÚTBOL DE REVISTA

La prestigiosa publicación inglesa *FourFourTwo* elaboró una lista con los cien mejores jugadores de la historia. Leo finalizó en segundo lugar, solo por detrás de Maradona.

Los dos argentinos fueron los encargados de abrir el ranking con los futbolistas más destacados, teniendo en cuenta factores como el desempeño que mostraron en sus equipos, selecciones, títulos ganados, entre otras estadísticas. La Pulga, que quedó en la segunda ubicación, compartió el podio con Maradona y Pelé. La lista de diez la completaron Johan Cruyff, Cristiano Ronaldo, Di Stéfano, Franz Beckenbauer, Zinedine Zidane, Ferenc Puskás y Ronaldo.

---

29 DE JULIO DE 2017 – LEO *AND ROLL*

En el Hard Rock Stadium de Miami le convirtió un tanto a Real Madrid en un amistoso que el Barça ganó 3-2.

En el cierre de su gira por Estados Unidos, el equipo de Valverde se quedó con un nuevo triunfo en el clásico español. En el último encuentro de Neymar como blaugrana, Leo fue el encargado de abrir el marcador: luego de una gambeta, sacó un remate que rebotó en Varane y se terminó metiendo por encima de Keylor Navas. Más tarde, convirtieron Piqué y Rakitić. Pese a generar muchas situaciones, el conjunto culé falló mucho ante el arco y terminó sufriendo hasta el final.

---

30 DE JULIO DE 2018 – LO TIENE ATADO

Antonela publicó en su cuenta personal de Instagram un entretenido video donde se lo ve a Leo jugando a la pelota junto con Hulk, su perro. Inmediatamente, el material se hizo viral en las redes sociales.

Antes de presentarse en las instalaciones de Barcelona para retornar a los entrenamientos, Leo disfrutó de su último día de vacaciones con Hulk, su dogo de Burdeos. En el video se ve cómo lleva el balón de acá para allá, mientras el perro, como si fuera un defensor rival, intenta sacársela. Sobre el final, se puede escuchar a uno de sus hijos gritar dos comentarios muy divertidos: "Marcale un gol, papi" y "es muy bueno jugando al fútbol".

31 DE JULIO DE 2015 – LA TINTA ES BELLA

Roberto López, el tatuador de Leo, explicó el significado de los trabajos que la Pulga lleva en su piel. "Si te pones a mirar, es su vida", sostuvo.

En una entrevista al programa *Mundo Leo*, López explicó el diseño que la Pulga le pidió para sus tatuajes y el significado de los elementos dibujados. "Por lo que me explicó, quería hacer una historia de su vida con imágenes. Hay, por ejemplo, un reloj y una parte de un mecanismo alusivo a Cronos, el Dios del tiempo. Además, tiene una flor de loto, que es increíblemente bella. Se resguarda dentro del pantano y sale durante el día. Para los japoneses significa que, seas de donde seas, florecerás en la vida. Si te pones a mirar, es su vida. Vino de Rosario y floreció para el mundo. Aparte, Leo tiene un capullo de esa flor que simboliza a su hijo Thiago".

AGOSTO

1° DE AGOSTO DE 2003 – ES PORTADA

El Gráfico fue el primer medio grande de la Argentina que le realizó una nota. En la tapa, que tenía a Batistuta como principal protagonista, decía: "El *crack* desconocido. Descubrimos al pibe argentino que la rompe en el Barcelona".

Durante 2003, Leo maravilló a los catalanes con su fútbol. Sus grandes actuaciones en la cantera del Barça trascendieron España y llegaron a los medios importantes de la Argentina. "Barça muere por este pibe", era el título de la nota, la cual lo comparaba con Maradona y se preguntaba si podría ser el próximo 10 de Argentina. En la bajada, por su parte, explicaba quién era ese joven rosarino que se destacaba en el conjunto español: "Es argentino y la rompe en las inferiores. Saltó de Newell's al Barcelona a los 13 años, luego de deslumbrar a Carles Rexach. Con 16 recién cumplidos, ya lo imaginan en la Primera División y lo comparan con Maradona. Messi es puro potrero: zurdo, habilidoso y goleador". En el final de la nota se sintetizan las expectativas que generaba por aquel entonces y, una vez más, la referencia a Diego: "Será cuestión, entonces, de armarse de paciencia y esperar ansiosos el día en que la zurda del elegido ponga de pie al Camp Nou y vuelva a dibujar sonrisas en los culés y en los hinchas de la celeste y blanca, como alguna vez hizo un muchacho de Villa Fiorito".

2 DE AGOSTO DE 2009 – LOS ÁNGELES DE MESSI

En Estados Unidos, fue el más ovacionado en un amistoso ante el Galaxy de Beckham.

"Meeeesiii, Meeeesiii", cantaron los fanáticos presentes en el Rose Bowl de Pasadena, durante todo el encuentro amistoso. Leo, el más buscado del conjunto culé, llevó la cinta de capitán en el brazo y compartió la delantera con Bojan Krkic y Pedro, ambos canteranos. El resultado final fue 2-1 a favor del Barça.

3 DE AGOSTO DE 2008 – EL HEREDERO

El Barça oficializó que Leo usaría la camiseta número 10, utilizada por Ronaldinho durante las cinco temporadas anteriores.

Tras la presentación de los nuevos dorsales ante la UEFA para disputar la tercera fase de la Champions League, se confirmó que Leo dejaría el número 19 y heredaría de su amigo Ronaldinho la emblemática camiseta 10.

4 DE AGOSTO DE 2012 – MEDIANOCHE EN PARÍS

En un encuentro amistoso ante PSG, convirtió un tanto para igualar 2-2. En la definición por penales, metió el suyo, y el Barça se quedó con el trofeo.

Barcelona dominó claramente el partido y, gracias a un tanto de Rafinha, logró pasar al frente en el primer tiempo. El local, sin embargo, lo dio vuelta con un tanto de Ibrahimovic y otro de Zoumana Camara, que convirtió de cabeza tras un córner. Finalmente, Leo cambió por gol un penal y obligó a que la definición del trofeo fuera por tiros desde los doce pasos. Marcó el suyo, y el club catalán se quedó con el certamen amistoso.

5 DE AGOSTO DE 2015 – CON POCAS PULGAS

En un partido amistoso, Mapou, jugador de la Roma, le recriminó una jugada, y Leo se enojó con él: le tiró un cabezazo y lo tomó del cuello.

En sus primeros minutos de pretemporada, la Pulga no fue noticia por el gol que le hizo a la Roma ni por la victoria 3-0 ante el conjunto italiano en el Trofeo Joan Gamper. A los 33 minutos, Leo continuó una jugada que estaba anulada y, luego de la recriminación de Mapou Yanga-Mbiwa, cayó en la provocación del francés: tras quedar cara a cara, le tiró un cabezazo y lo agarró del cuello. Una vez que los separaron, el árbitro Javier Estrada los amonestó a los dos.

6 DE AGOSTO DE 2017 – ESTADÍSTICAMENTE, EL MEJOR

Un estudio del Centro de Investigaciones de Historia y Estadística del Fútbol Español (CIHEFE) determinó que fue el jugador más importante del torneo español desde su inicio.

El trabajo, basado en una serie de coeficientes a partir de los minutos disputados por los jugadores en cada temporada, los goles marcados de jugada, de penal o en contra, lo ubicó como el mejor jugador durante los 86 años del campeonato español. En total sumó 545 unidades, seguido por Raúl (528), César (524), Zarra (493) y Quini (488).

7 DE AGOSTO DE 2017 – UN EMOTIVO HOMENAJE

Luego del accidente aéreo, Chapecoense fue invitado por el Barça para disputar el Trofeo Joan Gamper. En el Camp Nou se vivió una jornada conmovedora, donde estuvieron presentes Alan Ruschel, Jakson Ragnan Follman y Helio Hermito Nieto, los únicos tres futbolistas que sobrevivieron a la tragedia.

"¡Fuerza, Chapecoense! Estamos con todos ustedes", publicó Leo en su página oficial de Facebook en la previa del encuentro, en el que se homenajeó a las 71 víctimas que perdieron la vida en el trágico accidente. Una vez finalizado el partido (en el que marcó un tanto), cambió su camiseta con Ruschel, el capitán que, luego de ocho meses de recuperación, volvió a las canchas justo en ese amistoso. "Intercambié la camisa con Messi. Un sueño. Estoy feliz. Hablé con él fuera del campo, es humilde", explicó el brasileño. Después, Leo le firmó otra camiseta del Chapecoense con una sentida dedicatoria: "Con mucho cariño, respeto y lo mejor de siempre. Leo". "La voy a poner en un cuadro", explicó Ruschel.

P. D.: En 2008, debutó en los Juegos Olímpicos de Pekín. Ante Costa de Marfil convirtió un tanto en la victoria 2-1 de Argentina. Fue el primer paso hacia la medalla de oro.

8 DE AGOSTO DE 2015 – UN GOL PARA LOS CHICOS

En la tradicional transmisión que se hace todos los años, *Un sol para los chicos*, sorprendió al donar cuatro millones y medio de pesos. Grande adentro y afuera de las canchas.

El evento, llevado a cabo en el Luna Park, fue impulsado por Unicef con el fin de juntar fondos para los niños de bajos recursos. Durante la transmisión, su amigo Nicolás Vázquez, uno de los presentadores, mostró un cheque donado por Leo. "Es un placer para mí estar con ustedes a través de este video, colaborando con la gente de Unicef y *Un sol para los chicos*. Un saludo para todos los chicos y espero que se diviertan", dijo la Pulga en la grabación que se difundió.

9 DE AGOSTO DE 2013 – VALE CIEN PALOS, SE LLAMA MESSI

Mientras Real Madrid negociaba con Tottenham por el pase de Gareth Bale, y el club londinense le pedía a cambio cien millones de euros por el galés, Pedro Rodríguez comentó que solamente pagaría semejante cifra por Leo.

A la espera del amistoso que el Barça tenía que disputar en Malasia ante un combinado local, su compañero Pedro fue entrevistado en radio *Cope* y, al ser consultado por la trasferencia más importante de aquel mercado de pases, aprovechó para elogiar a la Pulga: "Solo gastaría cien millones de euros para fichar a Leo Messi".

10 DE AGOSTO DE 2008 – ¡ADENTRO!

Con Leo como una de las figuras, Argentina derrotó 1-0 a Australia y se aseguró el pase a los cuartos de final de los Juegos Olímpicos de Pekín.

En un encuentro que comenzó bajo la lluvia, Argentina se adueñó de la pelota y, desde un primer momento, evidenció las diferencias que existían entre ambos equipos. Sin embargo, a pesar de crear varias situaciones de peligro, el gol llegó casi sobre el final. A los 32 minutos de la segunda parte, luego de una buena jugada colectiva, en la que hubo una serie de toques rápidos y de primera entre Leo, Riquelme y Di María, apareció Lavezzi para marcar el único tanto. Con el 1-0 final, Argentina alcanzó las seis unidades en el grupo A y consiguió la clasificación a la siguiente instancia del certamen.

11 DE AGOSTO DE 2015 – ÉPICA FINAL

En un verdadero partidazo, Barcelona derrotó 5-4 a Sevilla en la prórroga y se quedó con la Supercopa de Europa. Leo convirtió los primeros dos tantos de los culés.

El estadio Borís Paichadze, de Georgia, fue el escenario de una final histórica entre dos equipos españoles. La Supercopa de Europa enfrentó al Barça, campeón de la Champions League, ante Sevilla, ganador de la Europa League. Y el partido no le dio respiro a nadie. Luego de comenzar perdiendo, el equipo catalán logró dar vuelta el resultado gracias a dos tantos de Leo. El envión le permitió ponerse, en el comienzo de la segunda mitad, 4-1. Pero luego llegó la levantada del conjunto de Unai Emery, que a los 81 minutos igualó el marcador en 4. Con el empate se tuvo que disputar un tiempo extra. Allí, a los 113 minutos, Leo pateó tuvo un tiro libre que pegó en la barrera, pero capturó el rebote, el cual exigió tanto al arquero Beto, que no pudo contener el disparo. Pedro se avivó y, de zurda, convirtió el épico 5-4 que les dio un nuevo título a los blaugranas.

12 DE AGOSTO DE 2018 – EL MÁS GANADOR, LEJOS

En Marruecos ganó la Supercopa de España y, al llegar a los 33 títulos, se convirtió en el jugador con más campeonatos en la historia del club.

El comienzo de la temporada fue con un título muy especial para Leo. Con la partida de Iniesta a Japón, lo superó en cantidad de títulos al vencer 2-1 a Sevilla y quedarse con la Supercopa de España, en Tánger. Además, el certamen tuvo como agregado que fue el primero que ganó con la cinta de capitán en el brazo, ya que, tras la salida de Andrés del club, quedó como máximo referente del equipo.

13 DE AGOSTO DE 2013 – SAN LEO

En la previa de un amistoso ante Italia, el papa Francisco lo recibió junto con sus compañeros de la Selección Argentina.

En la Sala Clementina del Vaticano, el plantel completo de la albiceleste presenció una misa dada por el Sumo Pontífice. Una vez finalizada, Leo se acercó a saludarlo y a entregarle un árbol de olivo. "Fue rápido, había muchísima gente y por momentos se desbordó un poco. Fue un encuentro cortito, pero muy lindo, no tuve la oportunidad de hablar más con él", comentó.

14 DE AGOSTO DE 2011 – UNA SANA COSTUMBRE

Gol y figura en la ida de la final de la Supercopa de España ante Real Madrid, como visitante. Con el 2-2 final, el Barça encaminó el título que, días más tarde, definiría en el Camp Nou.

Primer partido de la temporada, ante el clásico rival y en el Bernabéu, pero no le importó. Como –casi– siempre, fue la figura de la cancha y el jugador más determinante ante Real Madrid. Tras comenzar perdiendo, igualó David Villa y, sobre el final del primer tiempo, Leo convirtió luego una gran jugada individual, marcando por quinta vez de visitante ante el Madrid. El encuentro terminó 2-2

y, tres días después, el equipo de Pep Guardiola celebraría el título de local.

15 DE AGOSTO DE 2007 – ¡QUÉ VOLEO!

En un amistoso ante Bayern Munich, convirtió un golazo de volea desde afuera del área. Tras la victoria 1-0, el técnico Rijkaard calificó al tanto como espectacular.

La Copa Beckenbauer era un torneo amistoso que enfrentaba a Bayern Munich ante un equipo internacional en el estadio Allianz Arena. En 2007 fue invitado Barcelona, y Leo le regaló al público un verdadero golazo. Luego de ver el primer tiempo desde el banco de suplentes, saltó a la cancha y, faltando cinco minutos para el final, agarró la pelota de volea y marcó el único tanto. "Estoy bien, un poco cansado porque hace mucho que no jugaba un partido. A pesar de que he trabajado fuerte durante esta semana, físicamente aún me falta un poco. Este partido me ha venido muy bien para comenzar a agarrar ritmo de competición", explicó.

P. D.: Cinco años después, también en Alemania, pero en el estadio Commerzbank-Arena, le marcó un tanto a la Selección local en un triunfo 3-1 de Argentina.

16 DE AGOSTO DE 2008 – A PASO FIRME

Gol y asistencia a Di María (en tiempo suplementario) para eliminar a Holanda y clasificarse a las semifinales de los Juegos Olímpicos.

En un encuentro complicado, en el que el calor y la humedad tuvieron rol protagónico, Argentina logró un muy importante triunfo. A los 14 minutos del primer tiempo, luego de un pelotazo largo, el balón quedó entre los centrales: Leo lo ganó, gambeteó al arquero y puso el 1-0 para desatar la euforia de los hinchas argentinos, incluyendo a Maradona, que estaba en la tribuna del Estadio de Shanghái. El empate de los holandeses, sin embargo, llegó en el momento menos pensado, por lo que se tuvo que disputar tiempo suplementario. Allí, cuando las piernas casi ni le respondían a ningún jugador, la Pulga habilitó de manera extraordinaria a Di María, que convirtió el tanto de la clasificación a las semifinales.

17 DE AGOSTO DE 2005 – DEBUT *EXPRESS*

Su primer partido en la Selección mayor fue para el olvido: ingresó desde el banco de suplentes y, casi inmediatamente, vio la roja.

Tras un destacado Mundial Sub 20, en el que la rompió y se coronó campeón, todos esperaban su debut en la mayor. Su momento llegó 46 días más tarde, pero no fue el soñado. "Me conformo con jugar un segundo", había dicho en la previa del encuentro ante Hungría, y, lamentablemente, no estuvo muy lejos de eso. El técnico José Pekerman lo mandó a la cancha a los 18 minutos del segundo tiempo, en lugar de Lisandro López, y solamente tocó el balón en tres oportunidades. En la última, al querer avanzar, el húngaro Vilmos Vanczak lo tomó de la camiseta y, al intentar sacárselo de encima, le pegó con el brazo a la altura de la garganta, por lo que el defensor cayó al suelo. Para sorpresa de todos, el árbitro alemán Markus Merk le mostró la roja. Solo duró 92 segundos en el campo de juego. "Cuando lo expulsaron fue un momento muy duro. Lo llevé abrazado junto a los doctores al vestuario para poder mimarlo, porque realmente era muy grande el desconsuelo que tenía. Lo que lloraba. La verdad, cuando terminó el partido, los compañeros lo apoyaron, aunque lo que lo terminó calmando fue cuando Pekerman le prometió que iba estar en la próxima convocatoria", detalló Hugo Tocalli.

P. D.: Esa misma fecha, años después, ganó dos Supercopas de España. En 2011, Barcelona derrotó 3-2 a Real Madrid, y Leo marcó dos tantos (el último, el de la victoria, sobre la hora). En 2016 se consagró campeón ante Sevilla, con un 3-0 (convirtió el último tanto de la goleada). Además, por la misma competición, se anotó con un tanto ante Athletic de Bilbao en 2015, pero no pudo dar la vuelta olímpica.

18 DE AGOSTO DE 2013 – DE LEVANTE

En el debut del Tata Martino como entrenador del Barça, gritó por duplicado en una victoria 7-0.

Inicio de la Liga. Ilusiones y muchas expectativas por la temporada que se iba a venir. Como local, el Barça no tuvo piedad ante Levante y se quedó con el triunfo 7-0. "Para ilustrar sus inmensas condiciones como jugador, no hay más que fijarse, por ejemplo, en el partido que inauguró la Liga española en la temporada 2013/2014 (...) Cuando Leo va a robar una pelota, lo hace con una convicción y una determinación tales que lo consigue, como lo hizo ese día: la robó y vino el gol, creo que el tercero (...) Es de

esos jugadores extraordinarios de los que siempre se puede esperar que mejoren todavía más, por difícil que sea", manifestó tiempo después Alejandro Sabella, director técnico de la Selección por aquel entonces. Tras los dos tantos convertidos (uno apareciendo en posición de 9 y otro de penal), fue reemplazado a los 71 minutos por Iniesta. "Ni yo ni ningún entrenador va a cambiar a Messi en un partido igualado, pero en partidos que se resuelven rápido quizás podemos guardar su físico para que esté bien durante la temporada", explicó el Tata Martino en su primer partido como entrenador blaugrana.

P. D.: En 2013 fue reconocido por la audiencia del canal Telemundo con el premio Sensación Deportiva. Además, cinco años después, tuvo la particularidad de convertir el gol número 6000 del Barça en la Liga. A los 63 minutos ejecutó un estupendo tiro libre por debajo de la barrera, el cual resultó imposible de detener para el arquero Fernando Pacheco.

19 DE AGOSTO DE 2008 – ¡QUÉ PLACER VERTE OTRA VEZ!

Por la semifinal de los Juegos Olímpicos de Pekín, Argentina derrotó 3-0 a Brasil y se clasificó a la final. Aquel día, el camino de Leo se volvió a cruzar con el de Ronaldinho, que había dejado el Barça hacía muy poco.

A la final. Con Leo en cancha, dos tantos del Kun Agüero y otro de Riquelme, Argentina superó a Brasil. El encuentro, que se había promocionado como el duelo entre Messi y Ronaldinho, resultó muy favorable para la celeste y blanca. Para ambos fue un partido muy especial, ya que se reencontraron por primera vez luego de que el brasileño dejara el club catalán y Leo heredara su camiseta número 10. Con la clasificación consumada, los amigos se fundieron en un abrazo eterno.

P. D.: Cuatro años después, por la Liga, Barcelona goleó 5-1 a Real Sociedad, y la Pulga marcó dos tantos.

20 DE AGOSTO DE 2006 – SUPERMESSI

En el Camp Nou, con Leo entre los titulares, Barcelona derrotó 3-0 a Espanyol y se consagró campeón de la Supercopa.

El encuentro de ida, disputado tres días antes, había finalizado 1-0 a favor del Barça. La Pulga comenzó en el banco de suplentes y, a los 60 minutos, ingresó por el francés Giuly. En el partido de vuelta, el equipo culé mostró su supremacía, se quedó con el derbi catalán por 3-0 y obtuvo la séptima Supercopa de España de su historia. Leo, a pesar de haber jugado los 90 minutos, no convirtió.

P. D.: Llamativamente, en esta misma fecha, pero un año antes, también ganó una Supercopa de España, pero el contexto fue muy diferente. En el medio de un problema por su cupo de extranjero (no contaba con la nacionalidad española y el club los tenía todos ocupados), la ida la vio desde la tribuna y a la vuelta ni fue convocado. Además, en 2016 le convirtió dos tantos a Betis en una goleada 6-2.

21 DE AGOSTO DE 2010 – QUE DE LA MANO...

Tres tantos y una histórica remontada ante Sevilla: luego de perder 3-1 en la final de ida, ganó la vuelta por 4-0 y se consagró campeón de la Supercopa de España.

"Super Messi lidera a un Barça espectacular", tituló el diario *Mundo Deportivo*, como para que no quedaran dudas de la gran actuación individual y grupal. Tras caer en el primer encuentro, la revancha se presentaba como un gran desafío para el conjunto de Pep. Leo, que venía del traspié en el Mundial de Sudáfrica, mostró un nivel extraordinario (convirtió tres tantos) y, acompañado por un gran funcionamiento de sus compañeros, logró que Barcelona obtuviera su novena Supercopa de España.

22 DE AGOSTO 2007 - EITI LEO

En la previa de un encuentro amistoso ante Noruega, Alfio Basile, el técnico de la Selección Argentina, tiró: "Messi es un tipo *sui generis*".

Tras la derrota en la Copa América ante Brasil, la albiceleste buscó reinventarse con Leo como principal figura. En aquel entonces, a pesar de que ya brillaba en el Barça, en la Argentina se debatía dónde podía rendir más dentro de la cancha. "Es un poquito puntero derecho, es un poquito delantero y tiene un poquito de 10. Juega en todos lados, no lo podés encasillar", dijo el Coco. Además explicó que, por sus 20 años, lo quería llevar de a poco: "Messi es un pichoncito de *crack*. Obviamente, ahora hay que ver cómo evoluciona su trayectoria". En el amistoso, finalmente, la Pulga no pudo brillar y fue derrota 2-1.

23 DE AGOSTO DE 2008 – EL PIBE DE ORO

Histórico: tras derrotar 1-0 a Nigeria en la final, obtuvo la medalla dorada en los Juegos Olímpicos de Pekín.

El objetivo de la Selección Argentina, al momento de llegar a la ciudad china, era muy claro: defender el oro olímpico conseguido cuatro años antes en Atenas. Con un equipo integrado por jugadores menores de 23 años, con excepción de Juan Román Riquelme (30), Javier Mascherano (24) y Nicolás Pareja (24), desplegó un fútbol vistoso y efectivo durante toda la competencia, quedando en el recuerdo de los hinchas argentinos. Leo fue una de sus principales figuras. De todas maneras, en el estadio Nacional de Pekín, no pudo mostrar su mejor versión en la final ante Nigeria, pero Di María, luego de un exquisito pase de la Pulga, marcó el tanto del triunfo que le dio la histórica medalla.

P. D.: Al siguiente año, Leo conquistó la Supercopa de España al derrotar 3-0 a Athletic de Bilbao en la final de vuelta (convirtió dos tantos). Además, por la misma competencia, pero en 2012, le marcó un gol a Real Madrid en el encuentro de ida (fue victoria 3-2 del Barça, aunque finalmente perdió el título).

24 DE AGOSTO DE 2005 – EL NIÑO DESCONOCIDO

Ante Juventus, por el Trofeo Joan Gamper, la rompió y deslumbró a Fabio Capello, que intentaría ficharlo.

Durante aquellos días, Leo estaba pasando por un momento complicado, ya que no podía jugar en la Liga. El diario *Sport* había expuesto el "caso Messi": con Ronaldinho, Rafa Márquez y Samuel Eto'o ocupando los tres cupos de extranjeros, la opinión pública se comenzó a preguntar qué plaza ocupaba él, ya que aún no tenía la nacionalidad española. El Barça, por su parte, argumentaba que era un "asimilado", figura contemplada por la Federación Española: un jugador que nació en el exterior, pero con cinco temporadas en las inferiores del club. Ante ese panorama, Rijkaard decidió darle la titularidad en el partido por el Trofeo Joan Gamper, como una especie de mimo. Y, a pesar de que Juventus ganó por penales, tras igualar 2-2, la Pulga la rompió. Asistió, gambeteó, desbordó y volvió locos a los defensores. "Con Zebina nos dijimos: 'Este niño, ¿quién es?'. Y le empezamos a entrar fuerte", se sinceró, tiempo después, Patrick Vieira. A los 89 minutos, fue reemplazado por el francés Giuly y recibió la ovación del Camp Nou. Apenas finalizado el encuentro, Capello, el técnico rival, enterado sobre el problema de cupo, habló con Rijkaard no solo para intentar conseguir un préstamo, sino para comprarlo. "Nunca había visto a un jugador con tanta calidad a esta edad y con esa personalidad con una camiseta tan importante. Messi es un gran campeón, puede hacer lo que quiera con el balón en los pies. Estoy contento de que un chaval tan joven haga una cosa tan bonita por el fútbol", manifestó el entrenador italiano en rueda de prensa.

P. D.: En 2014, en el inicio de la Liga, le convirtió dos goles a Elche, en un triunfo 3-0. En 2017 finalizó en la segunda ubicación de la votación del Premio de la UEFA al mejor jugador de Europa, por detrás de Cristiano Ronaldo.

---

25 DE AGOSTO DE 2011 – LEO, EL CONQUISTADOR

En Mónaco, se quedó con la primera edición del premio al Mejor Jugador de la UEFA, tras superar en la votación a Xavi Hernández y a Cristiano Ronaldo.

Un argentino fue elegido como el mejor jugador de Europa. Leo, tras un año brillante, se quedó con el galardón. Durante la temporada 2010/11, convirtió 52 tantos, incluyendo 12 en la Champions League, certamen en el que finalizó como el máximo anotador por tercera edición consecutiva. Sus destacadas actuaciones individuales y colectivas hicieron que los votos emitidos por los periodistas deportivos, que representaron a cada una de las federaciones miembros de la UEFA, se inclinaran hacia él. "Quería dar las gracias a todas las personas que me han votado, y a todos mis compañeros. Guardo todos estos premios en casa y todavía tengo espacio para alguno más. Es un honor este éxito y espero que sigan llegando más. Gracias a mis compañeros de equipo he podido lograr esto. Juego en un equipo que tiene mucho éxito, y su estructura nos permite a nosotros ganar", manifestó tras la distinción.

P. D.: En 2016, un golazo que le marcó a Roma fue elegido por la UEFA como el mejor tanto de la temporada anterior en Europa.

---

26 DE AGOSTO DE 2011 – IMPARABLE

Un gol y una asistencia para ganarle la Supercopa de Europa a Porto. Una vez más, figura en un duelo decisivo.

Un nuevo título y, otra vez, clave en una final. En Mónaco, el Barça derrotó 2-0 a Porto con un golazo de Leo y otro de Cesc, tras una gran asistencia de la Pulga, como en sus viejas épocas de cadetes. Su tanto, además, significó el primero en la Supercopa de Europa, única competición en la que todavía no había podido marcar.

"¿Leo? Por buenos jugadores que tengas, necesitas una bandera. Salir al campo sabiendo que siempre lo tienes a él, es decisivo", explicó Pep Guardiola tras la victoria. Como agregado, con el título, el club catalán se convirtió en el equipo con más certámenes continentales a nivel europeo.

P. D.: Al año siguiente, le marcó dos tantos a Osasuna y, en 2017, la misma cantidad a Alavés.

27 DE AGOSTO DE 2015 – EL UNO

Por segunda vez en su carrera, obtuvo el premio al Mejor Jugador de la UEFA. Cristiano Ronaldo y Luis Suárez completaron el podio.

Sus brillantes actuaciones en el Barça, que consiguió el triplete en la temporada 2014/15, le permitieron quedarse con la distinción por segunda vez. A nivel individual, batió el récord de goles de Telmo Zarra en la Liga y terminó la campaña con 58 tantos entre todas las competiciones. Además, con 10 anotaciones, fue uno de los goleadores de la Champions League. "Fue un año increíble para nosotros. Trabajamos mucho para conseguirlo. Fue un vestuario muy unido, con confianza para hacer un año inolvidable. Por suerte, conseguimos todos los objetivos. Quiero agradecer esto a mis compañeros. Esto es de todos", dijo.

P. D.: Con el 39 por ciento de los votos, los usuarios de UEFA.com eligieron el golazo que le marcó al Bayern Munich como el mejor de la Champions 2014/15.

28 DE AGOSTO DE 2009 – PRINCIPADO DE LEO

En la final de la Supercopa de Europa, ante Shakhtar Donetsk, en Mónaco, la Pulga fue clave para ganar el título: durante la prórroga, asistió a Pedro en el único tanto. "La mitad del gol fue suyo", reconoció el delantero español.

El partido ante el conjunto ucraniano, campeón de la Europa League, resultó más complicado de lo que muchos pensaban. En un encuentro parejo, el Barça de Pep Guardiola tuvo que ir al tiempo suplementario para poder gritar campeón. A los 115 minutos, Leo tomó la pelota en la puerta del área y, tras una gambeta de pie a pie, dejó solo a Pedro, que convirtió el gol que le dio al club catalán su quinto título durante 2009. Tan extraordinaria fue la asistencia que, luego del tanto, la cámara de la transmisión oficial se quedó con Leo y no con el delantero español. "Es el mejor jugador que he visto en mi vida", aseguró Guardiola tras la victoria.

P. D.: Tres años antes, contra Celta de Vigo, Barcelona ganó 3-2, y Leo se anotó con un tanto: tras pase de Iniesta, giró sobre sí mismo y no perdonó al arquero. Además, en 2013 se consagró campeón de la Supercopa de España. Luego de igualar 1-1 en el Vicente Calderón, el 0-0 conseguido en la vuelta le alcanzó al equipo culé para quedarse con el título. Sobre la hora, Leo estrelló un penal en el travesaño.

29 DE AGOSTO DE 2005 – LA NOCHE DE (LOS DOS) 10

Como invitado al programa televisivo conducido por Maradona, Leo se lució en el fútbol-tenis. "Fue la primera vez en mi vida que estuve nervioso. Esa noche me transpiraban las manos. De golpe se abrió la puerta y apareció Diego. Me dijo un par de cosas. Tenía el pecho que me explotaba", recordó años después.

En aquel programa, además, estuvieron presentes Natalia Oreiro, Carlos Tevez, Paloma Herrera, Enzo Francescoli y Mirtha Legrand. Como uno de los atractivos de la noche, se jugaron distintos partidos de fútbol-tenis, disciplina en la que Maradona estaba invicto durante el ciclo. En total fueron tres encuentros: el último, el más peleado y apasionante, se dio entre dos jugadores retirados (Enzo y Diego) ante dos que estaban en actividad (Messi y Tevez), que se quedaron con la victoria por 10-6.

P. D.: Cinco años después, le convirtió un tanto a Racing de Santander por la Liga; y en 2011, un doblete a Villarreal, por la misma competencia. Además, en 2013 finalizó en la segunda ubicación de la votación del Premio de la UEFA al mejor jugador de Europa, por detrás del francés Franck Ribéry.

30 DE AGOSTO DE 2012 – LO CEREBRO CON VOS

En Mónaco, Leo finalizó en la segunda ubicación en la votación del Premio de la UEFA al mejor jugador en Europa. Iniesta, uno de sus grandes socios dentro de la cancha, se quedó con la distinción.

En directo, votaron 53 periodistas especializados en fútbol para definir al ganador. Con 19 votos a su favor (dos más que Leo y dos más que Cristiano Ronaldo), Iniesta obtuvo el premio. Tras recibir el galardón por parte de Michel Platini, el *crack* español se lo dedicó a la Pulga: "Quiero compartir este premio con Leo, mi compañero, y con el resto de los jugadores del Barça y de la Selección, porque sin ellos un premio individual no tiene sentido".

31 DE AGOSTO DE 2011 – ERROR DE CÁLCULO

Nadie esperaba semejante recibimiento: tras arribar a Calcuta (India), 2000 personas lo esperaron durante la madrugada en el aeropuerto.

Desde temprano, la ciudad fue empapelada con imágenes suyas. La fiebre por Leo invadió todos los rincones. Cuando arribó a India para jugar un amistoso ante Venezuela, con la Selección Argentina, una multitud estaba esperando en la calle de la terminal para saludar a su ídolo. Desde el aeropuerto hasta el hotel, fue acompañado por miles de fanáticos que, con camisetas del Barça y de Argentina, o hasta usando máscaras con su rostro, le demostraron su cariño. En bicicletas, autos, motos y hasta en un camión, el público lo escoltó hasta el Hyatt Regency Kolkata, donde lo estaba esperando una particular bienvenida con velas y un collar de caléndulas en el *lobby*.

SEPTIEMBRE

1° DE SEPTIEMBRE DE 2016 – EL AMOR ES MÁS FUERTE

Luego de renunciar a la Selección tras la final perdida ante Chile, volvió a ponerse la camiseta celeste y blanca. Fue triunfo 1-0 ante Uruguay, con un tanto suyo.

Pasaron 47 días desde la renuncia hasta el retorno. En realidad, Leo regresó, pero nunca se había ido, ya que durante ese tiempo, Argentina no había disputado ningún partido. "Vuelvo porque amo demasiado a mi país", explicó en un comunicado en la previa. Lo cierto es que aquella noche en el estadio Malvinas Argentinas de Mendoza estuvo entre los once titulares, a pesar de que se dudó hasta último momento por molestias en un abductor. En una jornada muy especial, fue ovacionado por su público, la rompió y fue la gran figura de la cancha. En la memoria quedaron dos jugadas: el gol del triunfo y, en el segundo tiempo, un espectacular caño con pisada incluida a Corujo. "Quería volver a estar después del quilombo que había hecho", se sinceró con una sonrisa tras la importante victoria.

P. D.: En 2013, por la Liga, le convirtió un *hat-trick* a Valencia: fue victoria 3-2 de Barcelona.

2 DE SEPTIEMBRE DE 2018 – FORMULARIO COMPLETO

Partido redondo en el Camp Nou: dos goles y dos asistencias en la goleada 8-2 ante Huesca.

Por la tercera fecha de la Liga, el Barça continuó con su firme andar. A pesar de arrancar perdiendo a los tres minutos, rápidamente se sobrepuso y, con un Leo en nivel espectacular, no tuvo piedad ante su rival. La igualdad llegó a partir una gran jugada individual de la Pulga, que con un enganche dejó en el suelo a un adversario y definió cruzado de derecha. En la segunda mitad, ya con el partido a su favor, asistió a Rakitić, convirtió tras un pase de Coutinho y, sobre el final, dejó mano a mano a Jordi Alba, para que el español convirtiera su tanto.

3 DE SEPTIEMBRE DE 2000 – EL COLOSO

Cuando tenía apenas 13 años, el diario rosarino *La Capital* publicó la primera nota que le realizó un medio de comunicación masivo.

En las páginas del suplemento *Pasión Rojinegra*, Leo manifestó que tenía como objetivo terminar la secundaria; como meta, llegar a Primera División; como ídolos, a su papá Jorge y a su padrino Claudio, y, cuando fue consultado sobre lo que representaba Newell's en su vida, no dudó: "Todo, lo máximo". La nota, titulada "Un leprosito que se las trae", comenzaba así: "Lionel Messi es jugador de la décima división y el enganche del equipo. Como chico, no solo es una de las promesas de la cantera leprosa, sino que tiene un futuro enorme porque, a pesar de su estatura, él se las arregla para pasar a uno, dos, gambetear, hacer goles, pero, por sobre todas las cosas, se divierte con la redonda y hoy se presenta en sociedad". La tapa del suplemento había sido para Claudio París, que había decidido continuar en la Lepra, y, además, había notas al defensor Fernando Crosa y a Juan Pablo Vojvoda.

P. D.: Cinco años más tarde, Leo disputó su primer encuentro oficial con la Selección mayor. En Asunción, ante Paraguay, comenzó en el banco de suplentes y reemplazó a César Delgado: jugó 13 minutos, no pudo convertir y finalmente Argentina perdió 1-0.

4 DE SEPTIEMBRE DE 2015 - GOLIVIA

En Houston, Argentina derrotó 7-0 al conjunto boliviano en un amistoso. Leo, que empezó el partido en el banco de suplentes, ingresó y anotó dos tantos.

En el BBVA Compass Stadium, las camisetas con el "Messi" en la espalda (de Argentina o de Barcelona) estaban por todos los rincones. A los 19 del segundo tiempo, con el partido 4-0, Leo ingresó por Gaitán y convirtió un doblete (uno de cabeza y otro eludiendo al arquero). Esa fue la primera vez que le marcó a Bolivia, única selección sudamericana a la que le faltaba anotarle (solo lo había hecho con la Selección juvenil).

5 DE SEPTIEMBRE DE 2004 – DEBUT EN LAS REDES

Ante Girona, como visitante, convirtió su primer tanto en el Barça B.

Por la segunda fecha de la Liga, el equipo filial de Barcelona visitó el campo de Girona. Leo, con la camiseta número 11 en la espalda, fue la gran figura del encuentro y marcó su primer tanto. Como principal eje de los ataques de su equipo, sistemáticamente los rivales recurrieron a cometerle faltas para cortar sus avances, ya que era la única manera que tenían de pararlo. En la segunda mitad, Dani Fernández, tras desbordar por derecha, obligó a un defensor rival a rechazar para adentro: allí apareció la Pulga, que con un débil remate de zurda (y un poco de complicidad del arquero), debutó en las redes. El resultado final fue victoria 2-1.

P. D.: En 2009 disputó por primera vez un encuentro oficial en su Rosario natal. Sin embargo, el resultado no fue el esperado: en el Gigante de Arroyito, Argentina cayó 3-1 ante Brasil.

6 DE SEPTIEMBRE DE 2018 – VUELTA AL COLE

En pleno parate por fecha FIFA, acompañó a sus hijos Thiago y Mateo en su regreso a clases. La imagen, subida a su cuenta de Instagram, se hizo viral al instante.

Al no formar parte de la gira amistosa de la Selección Argentina por Estados Unidos, tuvo tiempo para estar presente en un día importante en la vida de sus hijos. Leo compartió en sus redes sociales cuatro imágenes: en las dos primeras se lo puede observar tomando de las manos a sus dos hijos mayores con el uniforme en el colegio; y, en las otras dos, a los niños por separado.

7 DE SEPTIEMBRE DE 2012 – LA TERCERA ES LA VENCIDA

Tras estrellar dos remates en el palo, se le abrió el arco y le convirtió un golazo de tiro libre a Paraguay. El resultado final fue 3-1 a favor de Argentina, por Eliminatorias.

No se le venía dando en Córdoba. En el primer tiempo, un remate suyo de pelota parada había pegado en el palo. En el arranque de la segunda mitad, quedó mano a mano ante el arquero y definió con toque suave, pero también el balón dio en el poste. Finalmente, tuvo revancha a los 63 minutos con un tiro libre: con un zurdazo preciso y potente, convirtió el 3-1 final.

P. D.: En 2010, en un amistoso jugado en el estadio Monumental, le convirtió dos tantos a España. El encuentro finalizó 5-1 a favor de Argentina.

8 DE SEPTIEMBRE DE 2015 – AMOR A LA MEXICANA

En un amistoso ante la Selección azteca, fue clave en la remontada de Argentina: tras comenzar perdiendo 2-0 , participó del descuento y, sobre la hora, igualó el partido.

Cuando todo hacía parecer que México se iba a quedar con el triunfo, el genio frotó la lámpara. Primero, a los 39 minutos de la segunda mitad. Con un pase desde el círculo central, dejó mano a mano con el arquero al Pocho Lavezzi, que le sirvió el gol al Kun Agüero. Ya casi en tiempo cumplido, convirtió entre las piernas de Moisés Muñoz para poner el 2-2 final y quedar a tan solo cinco tantos de igualar a Batistuta como el máximo anotador en la historia de la Selección Argentina. "El récord me parece lo de menos, aunque es lindo por lo que significa. Vienen cosas muy importantes, como las Eliminatorias para el Mundial, cada vez más duras por los rivales. Es lo que importa ahora", dijo la Pulga tras el empate.

9 DE SEPTIEMBRE DE 2017 – SIN PIEDAD

En la victoria 5-0 ante Espanyol en el derbi catalán, Leo convirtió otro *hat-trick*. "Es extraordinario, cada día nos sorprende", soltó el técnico Valverde.

Una vez más, se llevó una pelota a su casa firmada por sus compañeros. En el triunfo 5-0, volvió a brillar en el Camp Nou y anotó los primeros tres goles: para empezar, sacó provecho de una posición adelantada no cobrada; el segundo, luego de un centro atrás de Jordi Alba; y el último, definiendo con un zurdazo cruzado. Con la victoria, el Barça alcanzó las nueve unidades en tres jornadas disputadas en la Liga.

P. D.: En 2006, Barcelona derrotó 3-0 a Osasuna como local. A los 36 minutos del primer tiempo, Eto'o robó una pelota dentro del área y asistió a Leo, que convirtió por debajo de las piernas del arquero Ricardo.

10 DE SEPTIEMBRE DE 2013 – BRASIL, ALLÁ VAMOS

Objetivo cumplido: con dos goles de la Pulga, Argentina se clasificó al Mundial 2014.

Con Leo como capitán, líder y goleador (marcó dos tantos, ambos de penal), la Selección de Sabella derrotó 5-2 a Paraguay en Asunción y consiguió su boleto para el Mundial. A falta de dos fechas, con 29 unidades, se afianzó como líder de las Eliminatorias.

"Es lo que buscamos durante todo este tiempo, sabemos lo difícil que es, y lograrlo con dos partidos por jugar es un mérito muy grande, estamos muy contentos. Conseguimos lo que queríamos, de una gran manera, hace tiempo que venimos haciendo las cosas bien. Sin embargo, hoy hicimos lo que pudimos por cómo estaba la cancha, intentamos jugar de todas las maneras, pero se hacía difícil, teníamos que buscar la clasificación y cerrarla, que es lo que hicimos", dijo la Pulga.

11 DE SEPTIEMBRE DE 2015 – BIENVENIDO, MATEO

Padre por segunda vez, y nuevamente de un varón. Mateo, el flamante hijo de Leo y Antonela, se sumó a la familia.

Temprano, los medios españoles habían anunciado el nacimiento del niño. Sin embargo, Celia, la madre de Leo, lo desmintió en radio Vorterix. Pero, menos de una hora después, Matías, uno de sus hermanos, lo confirmó en su cuenta de Twitter: "Bueno, gente, acaba de nacer Mateo, es hermoso. Más tarde voy a darles más detalles, ¡ahora a disfrutar! ¡Gracias a todos!".

12 DE SEPTIEMBRE DE 2015 - UN PAPÁ GENIAL

Faltando treinta minutos para el final, saltó a la cancha y convirtió el tanto de la victoria ante Atlético de Madrid. Durante el festejo, se lo dedicó a Mateo, su hijo recién nacido.

Luego de ser papá el día anterior y de ausentarse en la práctica, Luis Enrique decidió que arrancara el partido en el banco de suplentes. Al inicio de la segunda mitad, el Aleti logró ponerse en ventaja, pero rápidamente Neymar lo igualó. Minutos después, Leo ingresó por Rakitić y, cerca del final, logró un anhelado tanto: tras recibir una asistencia de Suárez, definió ante la salida de Oblak. En la celebración, después de los abrazos con sus compañeros, se llevó el dedo pulgar a su boca y se lo dedicó a su flamante hijo, Mateo. "He tenido la oportunidad de hablar con Leo, para nosotros es importantísimo y su estado es clave para que pueda jugar, cuantos más minutos mejor. Entendemos que viene de un viaje y era mejor para nosotros no arriesgar. Ha salido y ha sido decisivo como lo es siempre", explicó Luis Enrique. Por su parte, Diego Simeone, técnico del Colchonero, sostuvo: "Messi fue determinante cuando estuvo en el campo. Está acostumbrado a romper partidos y lo volvió a lograr".

P. D.: En 2009 le marcó un tanto a Getafe tras una asistencia de Ibrahimovic. "Jugar con Leo es divertido", contó el sueco. Además, en 2017, le convirtió un doblete a Juventus.

13 DE SEPTIEMBRE DE 2016 – UNA PELOTA MÁS

En su debut en la Champions League 2016/17, el Barça goleó 7-0 a Celtic con un *hat-trick* de Leo.

Tres tantos, gambetas, pases y lujos, el repertorio de la Pulga ante el conjunto escocés tuvo de todo. Junto con Neymar y Suárez, lideró el ataque culé en una exhibición que quedó en la historia como la mayor goleada del Barça en Champions. El resultado superó al 7-1 conseguido ante Bayer Leverkusen, con Pep Guardiola como técnico, y quedó muy cerca del 8-0 del Liverpool a Besiktas (2007) y del Real Madrid a Malmö (2015). Tras la victoria, le consultaron a Luis Enrique por la actuación de Leo, y el técnico español solo tuvo elogios: "Messi juega de todo, porque tiene libertad en cualquier posición. Si se pone de 6, es el mejor 6 del mundo; si se pone de 8, es el mejor 8 del mundo; si se pone de 10, el mejor 10 del mundo. Coartar eso por mi parte sería muy feo, seríamos muy poco inteligentes si le pusiéramos trabas ahora. Da pases de cuarenta metros al pie, es capaz de hacer cualquier cosa. Es el mejor jugador de todos los tiempos para mí, sin ninguna duda, no solo por sus números, sino también por su comprensión del fútbol. Si se pusiera de lateral, sería el mejor lateral. Hay que disfrutarlo".

14 DE SEPTIEMBRE DE 2013 – SOBRE LA HORA

Gol y gran jugada individual a los 94 minutos para que el Barça derrotara 3-2 a Sevilla y mantuviera el liderato en la Liga.

En el Camp Nou, el final del encuentro sorprendió a todos. Tras comenzar 2-0 arriba (con un gol de Leo), la victoria de Barcelona estaba encaminada. Sorpresivamente, a los 80 descontó Rakitić y, a los 90, igualó Coke. Ante este panorama, el genio frotó una vez más la lámpara y se hizo cargo del equipo. En la última jugada del partido, comenzó por derecha y, tras acelerar, dejó en el camino a dos rivales. Antes de que la pelota se fuera del campo, llegó a lanzar un centro atrás que despejó Beto con el pie, pero el rebote le cayó a Adriano, que marcó el 3-2 final.

P. D.: En 2010, el Barça goleó 5-1 a Panathinaikos y Leo se anotó con un doblete.

15 DE SEPTIEMBRE DE 2005 - ¿UN POCO DE CALCIO?

Como por aquel entonces no podía jugar para el Barça, Inter realizó una propuesta para llevárselo a Italia. "El único momento en que ha existido el riesgo real de que Leo se fuera, fue cuando llegó la oferta de Inter", explicó Joan Laporta tiempo después.

El interés del Neroazzurro surgió porque, durante aquellos días, Leo no estaba jugando en la Liga. El diario *Sport* había expuesto el "caso Messi": con Ronaldinho, Rafa Márquez y Samuel Eto'o ocupando los tres cupos de extranjeros, la opinión pública se comenzó a preguntar qué plaza ocupaba él, ya que aún no tenía la nacionalidad española. El Barça, por su parte, argumentaba que era un "asimilado", una figura contemplada por la Federación Española: un jugador que nació en el exterior, pero con cinco temporadas en las inferiores del club. Ante la tentadora oferta de Inter, y la posibilidad de que Leo emigrara, se organizó una reunión en un despacho del Camp Nou, donde asistieron Joan Laporta, Ferran Soriano, Txiki Begiristain, Alejandro Etxebarría y Jorge Messi. Allí, el presidente le explicó que en el club italiano ganaría dinero, pero en Barcelona obtendría la gloria. "Jorge creyó en lo que dije. Leo se quería quedar, el padre deseaba que lo hiciera, pero nosotros no podíamos igualar la oferta de Inter, al parecer dispuesto a pagar la cláusula de 150 millones, además del doble o el triple de sueldo. Yo pretendía subirle la ficha porque se lo merecía". Tras el cónclave, se decidió rechazar la propuesta, se comenzó a diseñar un nuevo contrato y, a los pocos días, le salió la ciudadanía española para retornar a las canchas.

P. D.: Siete años después, por la Liga, le convirtió dos tantos a Getafe. Comenzó el encuentro de suplente y, faltando veinte minutos, ingresó para definir el partido. El resultado final fue 4-1.

16 DE SEPTIEMBRE DE 2013 – ¡CÓMO PASA EL TIEMPO!

Tras cumplirse trece años desde su arribo a Barcelona, Leo eligió un recuerdo por cada temporada como blaugrana en un mano a mano con el diario *Mundo Deportivo*.

• 2000: "La prueba que realicé en los campos adjuntos al Mini Estadi con la presencia de Charly Rexach".

• 2001: "La llegada a Barcelona".

• 2002: "Mi crecimiento como jugador del Barcelona".

• 2003: "Mi debut con el primer equipo en Oporto".

• 2004: "Mi debut oficial con el primer equipo ante el Espanyol en Montjuïc, sustituyendo a Deco".

• 2005: "El partido del Gamper ante la Juventus, que me valió para ser conocido y aceptado en el mundo del fútbol profesional".

• 2006: "Saber que el equipo pudo llegar a lo alto del fútbol europeo".

• 2007: "Primer *hat-trick* al Madrid o el gol al Getafe".

• 2008: "La charla que tuve con Pep Guardiola antes de empezar la temporada en St. Andrews, antes de que me diera permiso para participar en los Juegos Olímpicos de Pekín".

• 2009: "La final de Roma, la final del Mundial de clubes en Abu Dabi o el primer Balón de Oro... Hay mucho que escoger".

• 2010: "El Balón de Oro, porque compartí podio con mis compañeros Iniesta y Xavi".

• 2011: "La final de Wembley".

• 2012: "El nacimiento de mi hijo Thiago".

• 2013: "El mejor recuerdo aún está por llegar".

---

17 DE SEPTIEMBRE DE 2000 – VIAJE A LAS ESTRELLAS

Con tan solo 13 años, viajó por primera vez a Barcelona, junto a su papá Jorge, para realizar una prueba.

De Rosario a Ezeiza en auto, y de allí a Barcelona. Un niño, lleno de ilusiones, emprendió una aventura con un claro objetivo: jugar a la pelota. Junto con su papá Jorge, y solo con el conocimiento de los familiares más cercanos y de la directora del colegio al que iba, Leo viajó por primera vez en avión para realizar una prueba ante las autoridades del club catalán. "El primer viaje fue bueno, porque era una experiencia completamente nueva. Yo nunca había subido a un avión, nunca había hecho un viaje tan largo y lo disfruté todo, hasta que empezó a moverse un poco", recordó mucho tiempo después.

P. D.: En la misma fecha, pero de 2011, le marcó un *hat-trick* a Osasuna; en 2016, un doblete a Leganés, ambos encuentros por la Liga. Dos años después fue galardonado con el premio Aldo Rovira como el mejor jugador del Barça en la temporada 2012/13.

18 DE SEPTIEMBRE DE 2000 – HOLA, BARCELONA

Tras arribar a la ciudad catalana, brilló en su primera práctica de fútbol bajo la atenta mirada del entrenador Rodolfo Borrell.

Aquel lunes de septiembre, un chico argentino de apenas un metro y cuarenta y ocho centímetros de altura se hizo presente en el Miniestadi (las canchas contiguas al Camp Nou), para realizar su primera prueba en el Barça. "Era muy bajito, casi no hablaba y nadie podía imaginar lo que iba a pasar", explicó Gerard Piqué tiempo después. En la práctica con la famosa generación de 1987 del club catalán, en la que además del defensor se destacaba Fàbregas, Leo sorprendió con sus gambetas, amagues y remates. "Cuando empezó a tocar la pelota vimos que era diferente al resto de los niños que se venían a probar", explicó Cesc. En un momento del entrenamiento, Borrell le ordenó hacer un uno contra uno para luego rematar al arco, y ahí la Pulga realmente mostró todo su potencial. Ese día se ganó el respeto de gente desconocida para él. Tras la práctica, los presentes se dieron cuenta de que el pequeño argentino era realmente distinto.

P. D.: Además, en esta fecha, marcó dos *hat-trick*s ante equipos holandeses por la Champions League: en el 2013 frente a Ajax y en el 2018 ante PSV.

19 DE SEPTIEMBRE DE 2017 – LA CARTA MÁS VALIOSA

Brillante actuación: marcó un póker ante Eibar y llegó a 9 tantos en 5 encuentros de la Liga.

Otro recital de fútbol de Leo, otra exhibición de goles y talento que maravilló a los espectadores presentes en el Camp Nou y en todas partes del mundo. En la victoria por 6-1, jugó de *falso 9* y encontró a Paulinho y Denis como principales socios. Con cuatro anotaciones, se lució en el quinto triunfo consecutivo del Barça por el torneo español. "Se acaban las palabras. Tiene tanto talento, es extraordinario. Tiene que estar marcado, todo el mundo tiene que estar encima suyo y, sin embargo, siempre está solo. Hace fácil lo más difícil, que es jugar bien partido tras partido y marcar las diferencias. Es fruto de que le gusta el fútbol, disfruta jugando", declaró el técnico Valverde.

P. D.: En la misma fecha marcó otros seis tantos: uno a Olympique de Lyon (2007); un doblete a Atlético de Madrid (2009); otro al Colchonero (2010, con una distensión en el tobillo derecho por una

dura falta de Tomáš Ujfaluši incluida); y un doblete a Spartak de Moscú (2012).

20 DE SEPTIEMBRE DE 2015 – QUINCE MINUTOS DE FURIA

Tras 45 minutos complicados, el Barça pudo sacar adelante el partido ante Levante en el primer cuarto de hora de la segunda mitad. Leo marcó dos tantos y dio una asistencia, pero erró un penal.

En el Camp Nou, los tantos llegaron en el complemento. Luego de un primer tiempo en el que le resultó difícil pesar en el área rival, el Barça encontró la ventaja a partir de una genialidad de Leo: rodeado de jugadores amarillos, le puso la pelota en el pecho a Bartra, que definió de derecha para poner el 1-0. Luego aumentaron Neymar y la Pulga, por duplicado (de penal y entrando por la derecha hacia el medio, su clásica jugada), para la victoria 4-1. Antes, había errado desde los doce pasos: sacó un potente zurdazo que se fue por encima del travesaño.

21 DE SEPTIEMBRE DE 2008 – FLOR DE *CRACK*

La primavera llegó para el equipo de Guardiola: tras comenzar la Liga sin triunfos, goleó 6-1 a Sporting de Gijón con dos tantos de Leo.

El arranque, con un solo un punto sobre seis posibles, no fue el mejor para Pep como técnico del Barça en la Liga. Pero los resultados, y sobre todo el buen fútbol, comenzaron a llegar. Ante Sporting de Gijón fue el punto de partida para un equipo que, con el correr de los encuentros, se terminó convirtiendo en leyenda. Como visitante, mostró un gran funcionamiento y no tuvo piedad del rival. Leo fue la gran figura: marcó dos tantos y provocó la expulsión de Gerard Autet, que le cometió una falta para detenerlo.

P. D.: Seis años después, en 2014, Barcelona goleó 5-0 a Levante y, a pesar de que falló un penal, la rompió con un golazo y dos asistencias.

22 DE SEPTIEMBRE DE 2007 – DINHO, MI BUEN AMIGO

Justo el día en el que el Camp Nou cumplía 50 años desde su inauguración, el mejor jugador que pisó alguna vez ese césped fue la gran figura. Ante Sevilla, Leo convirtió un doblete y se lo dedicó a Ronaldinho, haciendo con las manos el clásico gesto del diez brasileño.

Partidazo de la Pulga, que asumió la responsabilidad y se hizo cargo del equipo ante la ausencia por lesión de Ronnie. Primero, abrió el marcador con un golazo de volea; más tarde, marcó de penal. Tras la victoria, Rijkaard lo elogió y aseguró que estaba jugando en un nivel muy alto. Además, el técnico holandés afirmó: "Me gustó muchísimo la dedicatoria para Ronaldinho. Eso es tener sangre fría, porque en el momento del gol siempre tenés mucha felicidad en la cabeza, muchas cosas, pero él ha pensado en un compañero y se ha acordado".

P. D.: En 2009, como visitante, le marcó dos golazos a Racing de Santander.

23 DE SEPTIEMBRE DE 2018 – A PURA GIRONA

Alcanzó los 423 partidos en la Liga y se convirtió en el extranjero con mayor cantidad de presencias en la historia, superando a su amigo Dani Alves.

Tras quince temporadas pulverizando todo tipo de récords, con 31 años batió uno nuevo. En el Camp Nou, por la quinta fecha, jugó ante Girona y alcanzó los 423 encuentros (320 victorias, 66 empates, 37 derrotas y 386 goles), transformándose en el jugador no español con más encuentros en el certamen. Aunque Valverde decidió darle descanso a la mayoría de los titulares, Leo participó desde el inicio y abrió el marcador con un suave toque al palo. A los 34 minutos, el árbitro Gil Manzano, mediante el VAR, expulsó a Clément Lenglet y, luego, Girona logró darlo vuelta con un doblete del uruguayo Cristhian Stuani. Ya en la segunda mitad, la Pulga estrelló un tiro libre en el travesaño y, a los 63, Piqué de cabeza marcó el 2-2 final y salvó el invicto.

24 DE SEPTIEMBRE DE 2000 – ABRAN CANCHA

Mientras continuaba entrenándose con los juveniles del club, y a la espera de una confirmación sobre lo que iba a pasar con su futuro, fue junto con su padre al Camp Nou por primera vez.

A la espera del regreso de Charly Rexach de Sidney, para definir su futuro en el Barça, la Pulga continuaba entrenándose los lunes, miércoles y jueves en el Miniestadi. Los días libres, junto con su padre, lo dedicaban a pasear: caminatas por el puerto, visitas a museos, recorridas por Sitges, la playa de Gavà y la Sagrada

Familia. El primer sábado que tuvieron disponible, fueron a ver un encuentro entre el conjunto culé y Racing de Santander. Un Leo de tan solo 13 años conoció el Camp Nou y vio el encuentro junto a los hinchas que, años después, lo verían brillar y convertirse, en ese mismo estadio, en el mejor jugador del mundo. El resultado fue 3-1 a favor del local, con dos tantos de Patrick Kluivert y otro de Marc Overmars.

P. D.: Esa misma fecha, pero de 2011, le convirtió un *hat-trick* a Atlético de Madrid. "Ha vuelto a ser decisivo. Es un jugador que no hay que explicarlo, hay que verlo. Está a dos goles de igualar al señor Kubala, que cambió esta institución", dijo Pep Guardiola tras la victoria. Además, en 2013, le marcó un tanto a Real Sociedad.

25 DE SEPTIEMBRE DE 2018 – SI LA BOTA TE QUEDA...

En el marco de una publicidad, Leo eligió a diez jugadores para que usaran los botines Messi 15.

En una publicación en su cuenta de Facebook, la Pulga reveló los nombres de los futbolistas seleccionados alrededor del mundo para usar su calzado fabricado por Adidas. "Estos son los diez jugadores que llevarán mis botines #Messi15 durante la temporada. Sigue su historia, contada por ellos mismos, en Team Messi. Próximamente... #MarcaLaDiferencia", escribió. La lista estaba integrada por Maxwel Cornet (Francia), Jeremie Boga (Francia), Robert Kenedy (Brasil), Khiry Shelton (Estados Unidos), Timo Werner (Alemania), James Wilson (Inglaterra), Gyasi Zardes (Estados Unidos), Aleksei Miranchuk (Rusia), Rony Lopes (Portugal) y Accursio Bentivegna (Italia).

26 DE SEPTIEMBRE DE 2005 – Y UN DÍA LLEGÓ...

Tras perderse seis encuentros de Liga porque Barcelona ya tenía al tope el cupo de extranjeros, le salió la ciudadanía española.

Se hizo larga la espera. Todo comenzó cuando el diario *Sport* publicó el "caso Messi", donde explicaba que con Ronaldinho, Rafa Márquez y Eto'o ocupando los tres cupos de extranjeros del club, Leo no podía jugar los encuentros de la Liga. Y así pasaron seis partidos en los que ni siquiera pudo ir al banco de suplentes. A partir de eso, el interés de Inter por llevárselo, cuando estuvo cerca de partir. Pero el día, finalmente, llegó. Y Leo dejó de ser extracomunitario.

P. D.: Dos años después, ante Zaragoza, convirtió dos tantos en una victoria 4-1. Los goles se los dedicó a su sobrina recién nacida. "El argentino volvió a maravillar, pero ya no está solo: el Barça funciona como bloque con artistas currantes como Deco e Iniesta", escribió el periodista Javier Gascón en *Mundo Deportivo*.

---

27 DE SEPTIEMBRE DE 2008 – CUANDO CALIENTA EL GOL

En un derbi catalán muy picante, que incluyó incidentes en las tribunas, Leo marcó de penal y le dio, en el descuento, el triunfo al Barça.

Victoria agónica para conseguir el tercer triunfo liguero consecutivo. En el Estadio Olímpico Lluís Companys, en un encuentro manchado por la violencia (estuvo parado durante ocho minutos porque los hinchas de Barcelona les tiraron bengalas a los locales, que llegaron a invadir el campo), Espanyol comenzó ganando gracias a un tanto de Coro. Más tarde, igualó Henry, y fue expulsado Nené en los blanquiazules. Sobre el final, cuando parecía que el clásico iba a terminar empatado, el árbitro cobró un penal a favor del equipo de Guardiola. A pesar de sus 21 años, a Leo no le pesó la situación y mostró mucha personalidad: tomó la pelota y lo cambió por gol.

P. D.: En 2014 señaló un *hat-trick* en un 6-0 ante Granada y superó los 400 tantos en su carrera profesional. "El placer de verle jugar es tan inmenso que, aunque la tentación de sacarlo para cuidarlo me pasó por la cabeza, prefiero dejarlo en el campo. Su hábitat es el terreno, sabe medirse y en los últimos minutos es de los que más ha presionado", explicó Luis Enrique. Además, el técnico español bromeó: "Si contamos todos los goles que yo he marcado en el recreo, en la plaza... no sumas 400 ni borracho. Es alguien tocado con una varita mágica que disfruta con el juego. Si tienes alguien tan generoso, a disfrutarlo".

---

28 DE SEPTIEMBRE DE 2011 – BATE TODOS LOS RÉCORDS

Tras convertir un doblete por Champions, llegó a 194 goles con la camiseta blaugrana e igualó la marca de un histórico como Kubala. "Es un placer alcanzar a un mito como él", explicó Leo.

En su visita a Bielorrusia, el Barça goleó 5-0 a Bate Borísov. Sin embargo, las miradas se las robó la Pulga, que consiguió una nueva marca. Con 194 conquistas, alcanzó a Laszly como el segundo máximo goleador en la historia del equipo catalán. "Ha igualado a

un mito del club, una persona que cambió la institución de arriba a abajo y, sobre todo, propició que se construyese el Camp Nou. Messi ya está a ese nivel, la única manera de que, por sus 24 años, no alcance a otra figura como César es que se vaya", sostuvo Pep Guardiola.

P. D.: En 2012 le otorgaron por tercera vez en su carrera el Onze d'Or como el mejor futbolista de la temporada 2011/12. Al año siguiente, le convirtió un tanto a Almería.

29 DE SEPTIEMBRE DE 2009 - ¿KIEV PODRÁ DEFENDERLOS?

En el Camp Nou, le convirtió un tanto al Dinamo por Champions League.

Con un Leo totalmente desequilibrante, el campeón del certamen debutó con una victoria ante su público. A los 25 minutos del primer tiempo, Iniesta lo encontró en el vértice derecho del área y, luego de un recorte hacia adentro, la Pulga sacó un zurdazo que contó con un poco de colaboración del arquero Shovkovskiy para que se metiera en el arco. Ya en la segunda mitad, Pedro convirtió el 2-0 final.

P. D.: En 2007, el equipo de Rijkaard derrotó 2-0 a Levante con un tanto de Leo.

30 DE SEPTIEMBRE DE 2010 – SU PRIMER BOTÍN

En Barcelona, Leo recibió la Bota de Oro por ser el máximo anotador de la temporada 2009/10 en las ligas europeas.

En un acto multitudinario, realizado en la antigua fábrica Estrella Damm de Barcelona, a la Pulga le entregaron uno de los pocos premios que le faltaban. Por sus 34 tantos, fue galardonado con la Bota de Oro como el máximo anotador de Europa. "Sin su ayuda nunca hubiese logrado tantos goles, es un premio de toda la plantilla", dijo con humildad ante sus compañeros. Además, tuvo palabras de agradecimiento hacia Guardiola: "Fue él quien me dijo que tenía que jugar más cerca del área, porque creía que podía marcar más goles, y así ha sido".

P. D.: En 2014, como visitante, el Barça perdió 3-2 ante Paris Saint-Germain por Champions League. Leo marcó el primer tanto del equipo catalán.

OCTUBRE

1° DE OCTUBRE DE 2017 – SIN OVACIÓN

Dos golazos y una asistencia para ganarle a Las Palmas en un Camp Nou totalmente vacío: el encuentro se disputó sin público por falta de seguridad, en el marco del referéndum por la independencia de Cataluña.

Nadie pudo verlo desde las tribunas del estadio. Debido al clima social que se vivía en Cataluña, donde se produjeron disturbios por el referéndum que se llevó a cabo, el encuentro se jugó a puertas cerradas. Fue una nueva función de Leo, pero sin espectadores. Abrió el marcador con una asistencia a Busquets, tras un córner, y luego se destacó por dos perlitas: en la primera, eludió al arquero Chichizola como si fuera un entrenamiento; más tarde, definió de primera tras un gran pase de Luis Suárez.

P. D.: En 2008, ante Shakhtar Donetsk por Champions League, convirtió un doblete sobre la hora para ganar el encuentro. A 87 minutos puso el 1-1; a los 94, se la picó al arquero para marcar el gol de la victoria.

2 DE OCTUBRE DE 2000 – ÚLTIMA PRUEBA

Tras su regreso de Australia, Charly Rexach finalmente vio a Leo en una práctica de fútbol. Solo diez minutos le alcanzaron para darse cuenta de que era un jugador distinto al resto.

Luego de semanas esperando su presencia, Rexach, que tenía la responsabilidad de decidir si el Barça lo iba a fichar o no, retornó de su viaje por Oceanía. "Que juegue con un equipo superior, el juvenil, dos años mayores que él. Quiero ver cómo se desenvuelve con chicos más grandes", solicitó. No había margen de error, al otro día se volvería a Rosario junto a su papá. Cuando arrancó el encuentro, el dirigente todavía no había llegado. Justo cuando se hizo presente, Leo tomó el balón, gambeteó a dos rivales, después al arquero y definió, en lo que fue el único gol de su equipo en una derrota 2-1. Diez minutos después de llegar, Rexach abandonó el campo, ya había visto suficiente. Lo quería fichar de inmedia-

to, pero existían complicaciones: era extranjero, muy bajo para su edad y tenían que buscarle un empleo al padre. Al día siguiente, regresó a la Argentina, a la espera de una resolución.

P. D.: Años después, en 2007 por Champions League, le convirtió un tanto a Stuttgart en un triunfo 2-0 como visitante.

---

3 DE OCTUBRE DE 2018 – *SIR LEO*

En Wembley, Barcelona venció 4-2 a Tottenham, y la Pulga dio una cátedra de fútbol: marcó dos tantos y participó de los restantes.

Luego de tres encuentros sin ganar en la Liga (dos empates y una derrota), el Barça volvió a sonreír ante el conjunto londinense por la fase de grupos de la Champions. Con Leo en un nivel extraordinario (dos goles, dos tiros en los palos y participación en los otros tantos), el equipo culé se quedó con un importante triunfo en el mítico Wembley. "Messi ya no me sorprende. En el segundo tiempo concedimos espacios y te puedes encontrar con esa capacidad de desequilibrar que tiene. El hambre que posee lo hace ser el mejor del mundo", explicó, tras el encuentro, Mauricio Pochettino.

P. D.: En 2010, Barcelona empató 1-1 ante Mallorca y la Pulga convirtió el único tanto blaugrana.

---

4 DE OCTUBRE DE 2010 – UNA NUEVA MARCA

El diario español lo reconoció con dos trofeos: el Pichichi y el Di Stéfano.

Otra distinción más para el mejor de todos. Luego de una muy destacada temporada, en la que marcó 34 goles, el diario *Marca* lo condecoró con el Pichichi como máximo anotador de la Liga y, también, con el trofeo Di Stéfano, por ser el mejor futbolista de la Primera División de España.

P. D.: En 2008, ante Atlético de Madrid, mientras el arquero Coupet les daba indicaciones a sus compañeros, Leo sorprendió a todos y le marcó de tiro libre. "El árbitro me preguntó si quería barrera y le contesté que no. Y me dijo: 'Pues dale'. Y yo le di", explicó tras la victoria. Además, seis años después, el conjunto culé derrotó 2-0 Rayo Vallecano con un tanto de la Pulga.

5 DE OCTUBRE DE 2010 – UN ELOGIO *BRYANTE*

De gira por Barcelona, Kobe Bryant se refirió a la Pulga: "Es el mejor jugador del mundo, es mi muchacho".

En una conferencia de prensa en el club catalán, a unos días de jugar un amistoso ante el equipo local con los Lakers, el histórico basquetbolista no dejó pasar la oportunidad de elogiar a Leo: "Es el mejor de todos, se merece el Balón de Oro. Es un lindo cumplido cuando escucho que me dicen que yo soy 'el Messi del baloncesto'". Como buen aficionado al fútbol que es, contó uno de sus deseos: "Cuando Pau (Gasol) estuvo hace unas semanas viendo al Barça contra Panathinaikos, estaba muy celoso de él porque nunca lo he visto en vivo, y es uno de mis sueños".

6 DE OCTUBRE DE 2014 – UN RECREO

En una divertida grabación, se lo vio dando varias vueltas en monopatín junto con su hijo Thiago y su perro Toby. El video, rápidamente, se hizo viral en las redes sociales.

Se entretiene dentro y fuera de la cancha. Acostumbrado a dar vueltas para celebrar títulos, en esta oportunidad las dio, pero en un ambiente muy distinto: subido a un monopatín, mientras su hijo mayor y su perro lo perseguían desde atrás. "¡Pasándolo genial con Thiago, Toby y mi Space Scooter!", decía el video que subió a su cuenta de Facebook.

7 DE OCTUBRE DE 2012 – LO SACÓ DE LAS CASILLAS

El arquero de Real Madrid no pudo hacer nada ante Leo, que marcó dos tantos en el clásico.

El resultado final fue 2-2, pero para el Barça tuvo sabor a victoria, ya que con la igualdad mantuvo los 8 puntos de ventaja sobre su clásico rival. Con el doblete, Leo alcanzó su gol número 17 ante Real Madrid y también frente al español Casillas. "No volveremos a ver a nadie como Messi. Es el mejor del mundo, con diferencia. Si él no fuera coetáneo suyo, quizá Cristiano Ronaldo sería más reconocido, pero ha tenido la suerte o la desgracia de coincidir con Leo, que es el mejor del mundo", explicó Tito Vilanova.

P. D.: En la misma fecha marcó tres tantos: uno a Atlético de Madrid (2007), otro a Chile (2011) y a Valencia (2018).

8 DE OCTUBRE DE 2018 – ES UN SENTIMIENTO

Un fanático le mostró su espalda con un tatuaje gigante suyo. Ante su asombro, Leo le puso la firma y, al día siguiente, se la tatuó.

Tras igualar 1-1 ante Valencia en Mestalla, la Pulga dedicó unos minutos a sacarse *selfies* con los fanáticos que lo estaban esperando. Uno de ellos le mostró que en su espalda lo llevaba a él tatuado, con la cinta de capitán y emergiendo del Coliseo de Roma. Detrás aparecían el Big Ben de Londres y la Puerta de Brandenburgo de Berlín, tres ciudades donde levantó la Champions. Impresionado, agarró un fibrón y le estampó su firma. A las pocas horas, se viralizó por las redes sociales que Félix Morales no perdió el tiempo y, rápidamente, se tatuó el autógrafo que Leo le había hecho el día anterior.

9 DE OCTUBRE DE 2018 – *CIRQUE DU LIONEL*

En su Instagram, publicó un video haciendo jueguitos con una nariz de payaso y con una remera del Cirque du Soleil. Al día siguiente, se oficializó que la mayor productora de teatro del mundo realizaría una obra sobre su vida.

"Me parece increíble y a la vez una locura que el Cirque du Soleil cree un espectáculo basado en mi vida, mi pasión, mi deporte", explicó Leo tras la oficialización. La obra, que se estrena durante 2019, dará la vuelta al mundo, como lo hicieron otros famosos espectáculos de la empresa, como los de Michael Jackson, The Beatles y Soda Stereo. "Estoy seguro de que este *show* batirá todos los récords, de igual manera que Messi lo hace en el fútbol", explicó Sergio Lavié, cofundador de PopArtMusic y socio de Cirque du Soleil.

10 DE OCTUBRE DE 2017 – FÚTBOL DE ALTO VUELO

En la última fecha de las Eliminatorias, en Quito, Argentina estaba obligada a ganar para clasificarse al Mundial de Rusia. Aquella noche, Leo brilló: se hizo cargo del equipo, convirtió un *hat-trick* y guio a la Selección a la Copa del Mundo.

Fue su noche con la albiceleste. Tras igualar con Perú cinco días antes, Argentina se jugó su última ficha en los 2800 metros de altura de Quito. Y Leo la rompió. Se hizo cargo del equipo y lo clasificó al Mundial. El gol de Ecuador a los 40 segundos de juego evidenció que la noche venía muy complicada, pero allí estaba el mejor del mundo. A los 12 minutos, igualó tras un pase de Di María. A los 20, la recuperó y la clavó en un ángulo para marcar el 2-1. En la segunda mitad, convirtió el tercero de su cuenta personal, un golazo por encima del arquero. Desahogo y clasificación. Tras el encuentro, los jugadores argentinos dialogaron con la prensa después de mucho tiempo. "Se nos puso más difícil todavía porque nos tocó empezar perdiendo. No es fácil venir a jugar con las situaciones que se dan acá, y por suerte salió todo bien. Estaba el miedo de quedar afuera. Hubiese sido una locura para Argentina, para nosotros, para todos, y sí, obviamente que estaba el temor ese, pero hoy más allá de eso lo supimos jugar", explicó Leo.

11 DE OCTUBRE DE 2008 – PAPÁ ES UN ÍDOLO

En una victoria por Eliminatorias ante Uruguay, marcó un tanto de cabeza y se lo dedicó a su padre Jorge.

A los 5 minutos, Riquelme tiró un centro preciso y Leo, que apareció solo por el segundo palo, definió con un cabezazo de pique al suelo. En la celebración, se levantó la camiseta azul oscura (Argentina jugó con la suplente) y mostró una en la que se podía leer "Te amo, papi".

12 DE OCTUBRE DE 2012 – VINO CON TODO

En Mendoza, Argentina derrotó 3-0 a Uruguay con la Pulga, que marcó dos tantos, como gran figura.

Por las Eliminatorias, el equipo de Sabella dio un importante paso en su lucha por clasificarse al Mundial de Brasil. En el estadio Malvinas Argentinas, ante una multitud que lo ovacionó, Leo se lució y fue el jugador más desequilibrante. A los 20 minutos de la segunda mitad, la abrió a la izquierda para Di María y finalizó la jugada como un 9 clásico, llegando al área chica para convertir el 1-0. Luego, calcó el mismo pase para Fideo, pero en esta oportunidad el que definió fue el Kun Agüero. Sobre el final, una perlita: ejecutó un tiro libre por debajo de la barrera, imposible para Muslera. "Siempre estuve feliz en la Selección. Obviamente que cuando se dan los resultados, uno está más contento y trabaja con más tranquilidad, pero no me pasa a mí solamente, sino a todos los que vienen: cuando se gana y la gente está alegre, es más fácil trabajar", manifestó la Pulga.

13 DE OCTUBRE DE 2007 – CHILE SIN PICANTE

Por la primera fecha de las Eliminatorias, Argentina venció 2-0 a la Roja con dos tantos de Riquelme. Leo, que pegó un tiro en el palo y se quedó con las ganas de convertir, redondeó un buen partido.

Con mucha autoridad, la albiceleste se quedó con la victoria en el estadio Monumental. Con dos tantos de tiro libre de Riquelme y con un Leo muy explosivo, no hubo problemas para sumar los primeros tres puntos. Antes de ser sustituido y aplaudido por el público, la Pulga estuvo cerca de convertir el tercero, pero su remate se estrelló en el poste.

14 DE OCTUBRE DE 2014 - KING KONG

Con un Leo gigante, autor de un doblete, la Selección Argentina goleó 7-0 a Hong Kong.

Ante el conjunto asiático, el Tata Martino decidió poner un equipo alternativo. Por ese motivo, pese al entusiasmo de los hinchas locales, Leo comenzó en el banco de suplentes. Faltando treinta minutos, saltó a la cancha y, además de convertir dos tantos, mostró destellos de su magia para el deleite de sus fanáticos.

15 DE OCTUBRE DE 2011 – ANDA DERECHO

Ante Racing de Santander convirtió dos tantos con su pierna menos hábil y superó la histórica marca de Kubala.

El equipo de Pep Guardiola continuó su buen andar en la Liga con un triunfo 3-0. Leo, autor de un doblete, fue gran figura de la jornada. A los 11 minutos se juntó con Iniesta, dejó a dos rivales en el camino, gambeteó a Toño y marcó con la derecha. En la segunda mitad, capturó un rebote y volvió a convertir con su (supuesta) pierna menos hábil. Con los dos goles, alcanzó los 196 tantos en el club y superó la marca de un histórico como Laszy, que hasta entonces era el segundo máximo goleador de la historia del Barça.

P. D.: En esa fecha marcó otros dos goles: a Sevilla (2006) y a Deportivo La Coruña (2016).

16 DE OCTUBRE DE 2004 – EL COMIENZO DE UNA ERA

Cuando tenía solo 17 años, 3 meses y 22 días debutó de manera oficial en el primer equipo del Barça, ante Espanyol. Un antes y después en la historia del fútbol mundial.

Barcelona, con 16 unidades, era líder de la Liga y tenía que jugar, como visitante, el derbi catalán ante Espanyol. Con el resultado 1-0 a favor, el técnico Rijkaard decidió hacer ingresar al campo de juego a Leo, que se convirtió en el jugador más joven de la historia del club en debutar de manera oficial. "Ve a la banda derecha y busca el desborde, niño. Aprovecha tu velocidad entre el lateral y el central", le recomendó Ten Cate, ayudante técnico, antes de entrar con el número 30. Tras ingresar por Deco, a ocho minutos del final, no tuvo mucho tiempo para lucirse, pero lo mejor estaba por venir, y pronto.

P. D.: En 2007, como visitante, le marcó un tanto a Venezuela. En 2012, en Santiago de Chile, abrió el marcador con un golazo ante la Selección local.

17 DE OCTUBRE DE 2018 – NUESTRO REFERENTE

Éric Abidal, secretario técnico del Barça, opinó sobre su liderazgo: "Messi es un capitán ejemplar".

Luego de las polémicas declaraciones de Maradona en torno al rol de líder que Leo ejerce dentro y fuera de la cancha, distintos personajes del fútbol salieron a bancar a la Pulga, por ejemplo Pep Guardiola, Mario Alberto Kempes y César Luis Menotti. El francés, compañero suyo entre 2007 y 2013, no quiso dejar pasar la oportunidad para expresarse: "Es un capitán ejemplar y un jugador clave para nosotros, pero también para el vestuario. Su historia es hermosa. Es muy importante para los jóvenes y también para los fichajes. Él les enseña que en Barcelona, con trabajo, se pueden conseguir muchas cosas. Gracias a él, el nivel de otros sigue creciendo", planteó. Además, explicó: "Uno nota fácilmente cuando está enojado o cuando se encuentra feliz. Siempre decimos que para él no es necesario hablar".

18 DE OCTUBRE DE 2014 – FÓRMULA 1

Más en carrera que nunca para alcanzar el récord de Zarra: luego de convertir el tercero en la goleada 3-0 ante Eibar, quedó a un grito de igualar al legendario delantero español como el máximo goleador histórico de la Liga.

En la previa de un nuevo clásico ante Real Madrid, Leo fue otra vez decisivo y quedó a un paso de igualar la histórica marca de Zarra. A los 15 minutos del segundo tiempo, con una precisa asistencia, habilitó a Xavi para abrir el marcador. Tras varias tapadas del arquero Irureta (que le impidió alcanzar el récord), tuvo su merecida recompensa cuando marcó un golazo que incluyó una pared con Neymar. Con 250 tantos, quedó a un grito de igualar al jugador vasco como el máximo anotador de la historia de la Liga.

P. D.: Dos años después, ante Olympiacos en el Camp Nou, convirtió de tiro libre y alcanzó su gol número 100 en competencias europeas.

19 DE OCTUBRE DE 2016 - ¡GUARDIOLA CON LEO!

Otra vez se lució con un memorable *hat-trick*, en esta oportunidad ante el Manchester City de Pep.

A los 17 minutos del primer tiempo, la Pulga convirtió un golazo: tras un resbalón de Fernandinho, capturó la pelota, le amagó en dos oportunidades a su excompañero Bravo y anotó. Luego se lució con dos tantos más y, sobre la hora, le cometieron un penal, pero no fue para nada egoísta: a pesar de la posibilidad de marcar un póker, se lo cedió a Neymar para el 4-0 final. "Hemos visto la facilidad que tiene Messi para finalizar las jugadas, como si jugara en el patio del colegio, sin ponerse nervioso, en una situación en la que cualquier otro jugador temblaría. Es un referente", tiró Luis Enrique luego de la victoria.

20 DE OCTUBRE DE 2018 - ¡*CRACK*!

En la victoria 4-2 ante Sevilla, convirtió un tanto, pero no fue un día feliz: tras una mala caída, se fracturó el brazo derecho.

Antes del pitazo del juez, Javier Saviola le entregó el premio al mejor jugador de la Liga durante septiembre. Una vez iniciado el encuentro, tan solo 26 minutos en el campo de juego le bastaron para dejar encaminado el triunfo: en el arranque, asistió a Coutinho; más tarde, marcó desde afuera del área. Con el 2-0, cayó mal tras chocar con Franco Vázquez y se fracturó el radio del brazo derecho. Luego de ser atendido por los médicos, se retiró de la cancha con el codo vendado. Por la lesión, se perdió el choque por Champions ante Inter y también el clásico ante Real Madrid. Sin embargo, a los once días pudo volver a entrenarse.

P. D.: En 2010, ante Copenhague, marcó un doblete y alcanzó a Rivaldo como máximo goleador de la historia del club en competiciones internacionales, con 31 tantos. Además, dos años después, en un partidazo, el Barça derrotó 5-4 a Deportivo La Coruña con un *hat-trick* de Leo.

21 DE OCTUBRE DE 2014 – AJAX VAMOS

En la previa del clásico ante Real Madrid, Leo anotó un gol en la victoria 3-1 ante el conjunto holandés. Faltando 25 minutos, Luis Enrique lo reemplazó, decisión que generó polémica.

Por la fase de grupos de la Champions, el Barça se lució y derrotó 3-1 a Ajax en el Camp Nou. A pocos minutos del arranque, la Pulga tiró una doble pared, primero con Rakitić y después con Pedro, para finalmente habilitar a Neymar, que abrió el marcador. Más tarde, luego de un preciso pase de Iniesta, definió cruzado y, pese a que el arquero Jasper Cillessen alcanzó a tocarla, se terminó metiendo con suspenso. Promediando la segunda mitad, Luis Enrique lo reemplazó junto con Neymar e Iniesta, lo que generó un debate en la prensa. Al ser consultado sobre esta decisión, explicó: "El fútbol es un riesgo continuo. Hago las cosas al modo como las veo, confío en todos mis jugadores, también en los que entran, y tomo decisiones y las asumo. Volvería a hacer lo mismo. No los cambié pensando en el Madrid. Lo tenía previsto en función del resultado que tuviéramos. Se ha conseguido el objetivo y hemos podido dar descanso a jugadores importantes".

22 DE OCTUBRE DE 2008 – 50 BOMBAS DE MESSI

En una goleada 5-0 ante Basilea, alcanzó el medio centenar de tantos oficiales con la camiseta blaugrana.

Por la fase de grupos de la Champions, Barcelona tuvo que viajar a Suiza para enfrentar a Basilea. A los 4 minutos del primer tiempo, Leo abrió el marcador y encaminó la goleada del club catalán. Tras una gran jugada colectiva y una asistencia de Dani Alves, definió suave para convertir su gol número 50 con el Barça.

P. D.: En 2005, ante Osasuna, jugó por primera vez como titular en el Camp Nou. En 2013 le marcó un tanto a Milan; y en 2016, un doblete a Valencia.

23 DE OCTUBRE DE 2010 – CUATRO AL HILO

En La Romareda, ante Zaragoza, el Barça ganó 2-0 y alcanzó el mejor inicio liguero como visitante en su historia. Leo, la gran figura del encuentro, marcó los únicos dos tantos.

Tres puntos más, dos goles de la Pulga y otro récord. En un partido que le resultó complicado, el equipo de Pep Guardiola alcanzó su cuarta victoria consecutiva fuera del Camp Nou, logrando el mejor arranque del club en la Liga en esta condición. Tras el triunfo, el técnico opinó sobre Leo: "Básicamente es un goleador, le gusta marcar, aunque no juegue como un 9 clásico. Tiene el arco en la cabeza e intentamos que se mueva por donde le gusta".

P. D.: Siete años después, finalizó en la segunda posición de la votación para el premio The Best, por detrás de Cristiano Ronaldo.

24 DE OCTUBRE DE 2004 – EL SEGUNDO PASO

Una semana después de hacer su debut oficial en el Barça, jugó 20 minutos ante Osasuna.

Fue su primera vez en el Camp Nou, estadio que, con el correr de los años, lo vería brillar y transformarse en el mejor jugador de la historia. Aquel día ingresó por el francés Giuly, pero se quedó con las ganas de convertir. Luego de este encuentro, permaneció en el banco durante los siguientes siete. "Rijkaard, la manera de llevarme paso a paso, sin apresurarme... Yo a veces no entendía por qué no iba convocado o por qué no jugaba. Ahora lo miro fríamente y pienso que me llevó muy bien, sin prisa. Le estoy muy agradecido, porque sabía qué era lo mejor para mí en cada momento", explicó en Barça TV años después.

25 DE OCTUBRE DE 2009 – SEIS PARA CREER

Con un golazo de Leo, el Barça volvió a ganar después de dos encuentros y despejó cualquier tipo de dudas sobre su rendimiento.

Tanto se acostumbró Barcelona al éxito con la Pulga en cancha, que luego de empatar 0-0 ante Valencia y perder 2-1 como local por la Champions ante Rubin Kazán, increíblemente la prensa comenzó a preguntarse si el club estaba "en crisis". Los interrogantes quedaron atrás en el encuentro ante Zaragoza: el conjunto culé volvió a la senda de los grandes rendimientos y se quedó con el triunfo por 6-1. Leo, de quien se dudaba su presencia, ya que los rumores indicaban que Guardiola le iba a dar descanso, marcó el 5-1 con una gran definición: tras quedar mano a mano, convirtió picándosela al arquero. Con la victoria 6-1, el Barça le sacó tres puntos de ventaja a Real Madrid, segundo en la tabla de posiciones.

---

26 DE OCTUBRE DE 2013 – VICTORIA CLÁSICA

En el Camp Nou Leo jugó los noventa minutos en el triunfo 2-1 ante Real Madrid.

No fue su mejor clásico, ya que Neymar y Alexis Sánchez, los autores de los goles de la victoria, se llevaron todos los flashes. En un encuentro atípico, donde el Barça le cedió la iniciativa al Madrid, el equipo de Martino consiguió un importante triunfo para seguir siendo el único puntero de la Liga. Con el 1-0, Leo contó con una situación clara, pero su zurdazo salió pegado al palo de Diego López. "En su versión más humana, no tuvo dudas: había que ayudar de otra forma. Tranquilo, Di Stéfano ya caerá", analizó sobre su rendimiento Xavier Muñoz en *Mundo Deportivo.*

---

27 DE OCTUBRE DE 2004 – EL COMIENZO DEL REINADO

Tras hacer su debut en la Liga, disputó su primer partido en la Copa del Rey: para sorpresa de todos, Gramanet derrotó 1-0 al Barça.

Inesperada derrota. Por los 32avos de final del histórico certamen español, Barcelona perdió 1-0 ante Gramanet y quedó eliminado prematuramente. En el Nou Camp Municipal de Santa Coloma, con la Pulga como titular, el conjunto blaugrana dominó el encuentro, pero pagó muy caro la falta de puntería. Con el marcador 0-0, fue reemplazado por Eto'o a los 28 minutos del segundo tiempo. Ya en la prórroga, Òscar Ollés, exjugador del Barça, convirtió el tanto de la eliminación.

P. D.: En 2012, por la Liga, Barcelona venció 5-0 a Rayo Vallecano. La Pulga se anotó en la goleada con dos tantos.

28 DE OCTUBRE DE 2007 – DALE ALMERÍA A MI CORAZÓN

Ingresó por Ronaldinho faltando quince minutos y convirtió el 2-0 de penal.

Con Leo en el banco de suplentes, el Barça se puso en ventaja con un tanto de Henry en la primera etapa. Cerca del final, reemplazó a su amigo Dinho y se ganó la ovación de todo el Camp Nou. A los 81, convirtió de penal y llegó a los 7 tantos en la Liga, consolidándose como el Pichichi. Tras la victoria, Rijkaard reconoció que lo hizo ingresar pese a que no era el plan: "La intención era que descansara, pero con el 1-0 en el marcador, decidí que calentara y entrara en los últimos minutos, y afortunadamente ha funcionado".

P. D.: En 2008 fue galardonado como "Protagonista del deporte" por la cadena española Punto Radio. "Por encima de sus evidentes méritos como deportista y estrella fulgurante en el universo futbolístico, es también un ejemplo de solidaridad con las causas humanitarias", explicaron. Además, nueve años después, en San Mamés, le convirtió un tanto a Athletic de Bilbao.

29 DE OCTUBRE DE 2012 – EN TU CABEZA HAY UN GOL

En Barcelona recibió la Bota de Oro como el mejor anotador de los torneos europeos de la temporada 2011/2012.

Con 50 tantos convertidos, la Pulga se quedó con la importante distinción. En segundo lugar, figuró Cristiano Ronaldo, con 46 gritos. Durante el evento, llevado a cabo en la fábrica Damm de Barcelona, sostuvo: "Es un premio grupal. Siempre que gano un trofeo individual lo digo, porque es la realidad. Es un reconocimiento por hacer goles y sin mis compañeros no habría hecho todos los que hice".

P. D.: En 2011, luego de tres encuentros sin marcar, le convirtió un *hat-trick* a Mallorca. Durante uno de los festejos, hizo un gesto ante una cámara con sus dedos, marcando uno, dos y tres. "Parece una locura que por haber estado tres partidos sin anotar se hablara de crisis. A mí no me interesan los goles, lo que me interesa es que el equipo gane y se lleve los puntos. Yo estaba tranquilo, en los últimos partidos no había tenido suerte, el otro día me sacaron un gol sobre la línea, no estaba preocupado", explicó.

30 DE OCTUBRE DE 2010 – POR DUPLICADO

Otro doblete más para derrotar 5-0 a Sevilla y alcanzar los 99 gritos durante la era Guardiola.

Gran exhibición del Barça, que como local dio cátedra y dejó sin opciones a su rival. Apenas comenzado el encuentro, Leo la controló en el área, luego de un centro de Pedro y un desvío de Javi Varas, y con un zurdazo abrió el marcador. Ya en la segunda mitad, con el 3-0 a su favor, convirtió uno de sus goles marca registrada: la tomó recostado a la derecha y, a pura velocidad, fue dejando en el camino a rivales para sacar un potente remate cruzado cuando pisó la medialuna del área. Con estos dos nuevos gritos, además de sumar su 29° doblete como culé, alcanzó su tercer partido consecutivo marcando por duplicado, tras los conseguidos ante Copenhague y Zaragoza.

P. D.: En 2018, Javier Tebas, presidente de la LFP, planteó la posibilidad de crear un "Premio Leo Messi" al MVP de la temporada. "Habría que pensarlo. Creo que va a ser el mejor jugador de la historia, aunque ya lo es. No tiene límites, siempre está a un nivel máximo, máximo, máximo y nunca decae. Sería una buena idea crear en el futuro un trofeo al mejor jugador de la temporada y que lleve su nombre", contó el dirigente.

31 DE OCTUBRE DE 2016 – ¡EXTRA, EXTRA!

En la previa del choque entre Barcelona y Manchester City, el diario inglés *The Sun* publicó una entrevista exclusiva con Leo.

Por la cuarta fecha del grupo C de la Champions League, la Pulga tuvo que enfrentarse una vez más ante Pep Guardiola, en esta oportunidad como técnico del conjunto inglés. En la antesala del partido disputado en el Etihad Stadium, Leo dejó los siguientes conceptos:

• "Todo el mundo conoce el sistema de juego del Barcelona, pero cada entrenador tiene cosas diferentes y las aplica si ve que pueden encajar. Con Luis Enrique hemos cambiado algunas cosas. Ahora somos más agresivos cuando atacamos. Con Guardiola jugábamos menos de contra".

• "La final de la Champions del 2009, en Roma, fue un partido perfecto".

• "El Kun Agüero es una persona muy sencilla, un gran amigo y, como delantero, uno de los mejores".

• “Mi meta es ganar títulos con mi equipo. Lo mismo ocurre con la Selección Argentina, aunque todavía no hayamos conseguido uno grande”.

NOVIEMBRE

1° DE NOVIEMBRE DE 2011 – EL REENCUENTRO

En Praga, el famoso tridente de la "Generación del 87" volvió a juntarse en un once inicial después de ocho años: con Leo, Cesc y Piqué desde el comienzo, el Barça superó 4-0 a Viktoria Plzeň.

Planchería, Marc Valiente, Piqué, Chirivet, Cesc, Marc Pedraza, Víctor Sánchez, Messi, Toni Calvo, Víctor Vázquez y Clausí: ese era el once inicial de la "Generación del 87", histórico equipo de juveniles de La Masía que marcó una época en el club. Como jóvenes promesas, dieron cátedras de fútbol, liderados por Piqué desde el fondo, con Cesc manejando los hilos del equipo y, claro, con Leo siendo decisivo en los últimos metros. Tras la ida de Fàbregas a Arsenal y de Piqué a Manchester United, el famoso trío se separó, pero solamente por un tiempo. El destino quiso que se volvieran a encontrar, nuevamente en Barcelona, pero esta vez como profesionales. Por el grupo H de la Champions League 2011/12, coincidieron los tres como titulares. Y se lucieron como lo hacían cuando eran unos pequeños que añoraban con debutar en Primera División. Un *hat-trick* de la Pulga, y un tanto de Cesc, fueron sus aportes en la goleada 4-0.

P. D.: En 2008, en una victoria 4-1 ante Málaga, Leo señaló un tanto. Ocho años después, en una derrota 3-1 ante Manchester City, por la fase de grupos de la Champions, también convirtió.

2 DE NOVIEMBRE DE 2012 – EL HOMBRE MÁS FELIZ DEL MUNDO

En el Hospital USP Dexeu de Barcelona nació Thiago, el primer hijo que tuvo con Antonela.

"¡Bienvenido, Thiagito!", escribió su hermana María Sol en su cuenta de Twitter. Lo publicó a las 17:46 de España (13:46 de Argentina), y terminó siendo quien anunció al mundo entero la noticia tan esperada. En el séptimo piso del hospital, cerrado solo para los familiares, llegó al mundo Thiago. Abajo, una multitud de medios, a la espera de la primicia, hacían guardia desde temprano. "Hoy soy el hombre más feliz del mundo, nació mi hijo. ¡Gracias a

Dios por este regalo! ¡Gracias a mi familia por el apoyo! Abrazo a todos", escribió Leo en su página de Facebook.

P. D.: Siete años antes, en el Camp Nou, marcó su primer tanto en la Champions League. La víctima fue Panathinaikos, por la fase de grupos, y el resultado final, 5-0. En 2010 convirtió por la misma competencia, pero en esa oportunidad en un 1-1 ante Copenhague. En 2017 fue galardonado con el premio Aldo Rovira como el mejor jugador del Barça en la temporada 2016/17.

3 DE NOVIEMBRE DE 2012 – TODO UN PARTO

Un día después del nacimiento de Thiago, decidió jugar igual contra Celta de Vigo. El Barça ganó 3-1 y selló su mejor inicio liguero de la historia (nueve triunfos y un empate en diez jornadas), pero Leo se quedó con las ganas de convertir y, además, asustó a todos por un golpe en su rodilla.

Tras pasar la noche junto a Antonela y su hijo en el hospital, saltó al Camp Nou con unos botines con el nombre de Thiago estampado en cada uno de ellos. En la previa, lució ante el público la Bota de Oro que había ganado recientemente. Una vez iniciado el encuentro, buscó permanentemente un tanto para poder dedicárselo al niño recién nacido, pero no estuvo fino frente al arco y se tuvo que quedar con las ganas. A diez minutos del final, causó preocupación en los blaugranas: en plena lucha por la pelota, el defensor Lago le pegó en la rodilla derecha, por lo que quedó tendido en el suelo y necesitó la asistencia del doctor para poder recuperarse. "Solo tiene un golpe. Tuve preocupación, como cada vez que cae al suelo uno de mi equipo. Él tenía muchas ganas de jugar, y el hecho de que haya dormido menos no creo que le afectase mucho. Lo he visto bien. Ha tenido ocasiones de gol, otras veces las puede meter, esta vez no. Él estaba bien, y si Messi está para jugar, juega", explicó Tito Vilanova tras la victoria.

4 DE NOVIEMBRE DE 2008 – BASILEO

Ante el conjunto suizo, ingresó en el segundo tiempo y, a los dos minutos, convirtió.

A los 14 minutos de la segunda mitad, con el encuentro 0-0, entró por Bojan y fue revulsivo: tras una pared con Henry, sacó un potente remate por bajo que se metió pegado al palo del arquero Costanzo. Derdiyok igualó cerca del final para Basilea, pero el empate le sirvió al Barça para asegurarse su clasificación a los octavos de final de la Champions.

5 DE NOVIEMBRE DE 2014 – DE CABEZA A OCTAVOS

Como visitante, le convirtió dos tantos a Ajax que le dieron al Barça la clasificación a la siguiente instancia de la Champions. Además, alcanzó a Raúl como máximo goleador en la historia del certamen.

En el Johan Cruyff Arena, Leo se despachó con un doblete: el primero, de cabeza; el segundo, empujándola debajo del arco tras un pase de Pedro. Gracias a ambos el conjunto culé pudo ganar y asegurarse su clasificación a los octavos de final. Como agregado, llegó a los 71 goles en Champions, por lo que igualó el histórico récord del español Raúl.

6 DE NOVIEMBRE DE 2016 – MI SEVILLANO FAVORITO

En un nivel extraordinario, le convirtió un nuevo tanto a Sevilla (el rival al que más veces le marcó) y llegó a los 500 gritos con la camiseta blaugrana (sumando partidos oficiales y amistosos).

Otra exhibición a puro fútbol de Leo. En el Ramón Sánchez Pizjuán, el conjunto culé arrancó perdiendo, pero la Pulga, sobre el final de la primera mitad, lo igualó con un remate desde afuera del área y alcanzó los 500 tantos en el club (469 en 545 encuentros oficiales y 31 en 47 amistosos). Ya en el complemento, se vio lo mejor: a pura movilidad, apareció por todo el frente de ataque, resultó imposible de parar para los defensores, y le dio a Suárez la asistencia del gol de la victoria.

P. D.: En 2011 le marcó un tanto sobre la hora a Athletic de Bilbao. En 2013, un doblete a Milan.

7 DE NOVIEMBRE DE 2010 – SALEN DE CASA

Tras derrotar 3-1 a Getafe, con un gol de Leo, el Barça continuó con el mejor inicio liguero como visitante de su historia: llegó a las cinco victorias consecutivas.

En una gran actuación, el equipo de Pep Guardiola pisó fuerte en el Coliseum Alfonso Pérez y se quedó con un nuevo triunfo. Leo, el más desequilibrante del encuentro, fue protagonista de los tres tantos: primero abrió el marcador, luego habilitó a Villa y, por úl-

timo, robó la pelota en el gol de Pedro. Así, Barcelona alcanzó su quinta victoria consecutiva fuera del Camp Nou y quedó a un partido de igualar la mayor marca registrada en la Liga: la del Real Madrid de Radomir Antic durante la temporada 1991/92.

P. D.: En la misma fecha marcó tres tantos: en 2007, ante Rangers; en 2009, frente a Mallorca; y en 2012, ante Celtic (se lo dedicó a Thiago, su hijo recién nacido).

---

8 DE NOVIEMBRE DE 2007 – SIN MIRAR A QUIÉN

En una victoria ante Celtic, Leo le dio 25 pases a Ronaldinho, pero solo dos a Henry, por lo que en España se generó un debate sobre si tenía preferencia por el brasileño. Ante eso, salió a aclarar la situación: "No miro la cara antes de dar un pase".

"En todos los partidos busco a Ronaldinho y me encuentro bien con él. Cuando juego junto a Ronnie me siendo cómodo, pero no miro la cara antes de dar un pase", explicó la Pulga. Además, se refirió a su capacidad goleadora, ya que, con 10 tantos, se había convertido en el máximo anotador del Barça durante la temporada: "Estoy en racha. Ahora tengo la suerte de marcar y soy feliz, pero también porque el equipo va bien".

---

9 DE NOVIEMBRE DE 2003 – PIDIENDO PISTA

Jugando para el Juvenil A de Barcelona, convirtió un *hat-trick*. El debut en Primera División cada vez estaba más cerca.

A esa altura ya no sorprendía su nivel. Cada fin de semana maravillaba con su fútbol. Aquel domingo, ante Granollers, marcó tres tantos para el equipo dirigido por Juan Carlos Rojo. Su nombre comenzaba a sonar cada vez más fuerte por los pasillos del club. A los pocos días, tendría su merecida recompensaba al debutar en el primer equipo ante Porto.

---

10 DE NOVIEMBRE DE 2009 – UN PREMIO A DIARIO

La Gazzetta dello Sport lo condecoró como el mejor jugador de la Champions League 2008/09.

El periódico italiano, tras acreditarlo como el mejor jugador de la competencia, publicó en sus páginas declaraciones de Leo. "Me gusta porque viene de los propios seguidores", explicó. A pesar de que nadie dudaba de su supremacía a nivel mundial, y de que era el claro candidato para quedarse con todos los premios, prefirió ser cauto: "Todos dicen que ganaré yo el Balón de Oro. Ya veremos, para mí ya es un orgullo saber que la gente del fútbol piensa que soy el más fuerte".

P. D.: En esta misma fecha le convirtió un tanto a Cultural y Deportiva Leonesa y, al año siguiente, otro a Ceuta, ambos encuentros por la Copa del Rey.

---

11 DE NOVIEMBRE DE 2009 – LA SANTA TRINIDAD

En el marco de una entrega de premios, se produjo un encuentro muy especial con Alfredo Di Stéfano y Diego Maradona. La imagen de los tres astros argentinos recorrió el mundo.

En Madrid, el diario *Marca* reconoció a Leo con el Trofeo Di Stéfano por ser el mejor futbolista de todas las competiciones españolas. A la entrega asistió junto con Diego Maradona, por aquel entonces su técnico en la Selección Argentina, ya que tenían que jugar un amistoso en la capital española. Además, el evento contó con la presencia de don Alfredo, máximo ídolo de la historia de Real Madrid y uno de los mejores jugadores de todos los tiempos. "Te lo merecés, chaval", le dijo la Saeta Rubia al momento de darle el premio. Por su parte, Leo afirmó: "Estoy más orgulloso que nunca de estar al lado de ellos dos".

P. D.: En 2003 se dio una charla muy importante para su carrera. Pere Gratacós, entrenador del Barça B, le recomendó a Frank Rijkaard, técnico del primer equipo, que se llevara a Leo, que todavía no había debutado, para disputar un amistoso ante Porto. Cuatro años después, recibió el trofeo Bravo por haber sido el mejor jugador sub 21 de las ligas europeas en la temporada 2006/2007. En 2012 le marcó dos tantos a Mallorca en un triunfo 4-2. En 2018 retornó a las canchas luego de su fractura en el radio de brazo derecho: a pesar de convertir por duplicado, el equipo de Valverde cayó como local ante Betis.

---

12 DE NOVIEMBRE DE 2003 – LUZ, CÁMARA, ACCIÓN

Cuando tenía solo 16 años, siendo un juvenil, fue entrevistado por primera vez en un programa de televisión de Barça TV. "Estoy aquí para jugar y para divertirme: poco a poco todo llegará", manifestó.

Después de firmar su primer contrato, fue invitado a Barça TV para ser entrevistado como una de las mayores promesas de la

cantera. "Me gusta marcar goles y dar asistencias a mis compañeros. Hago lo mejor para el equipo, si veo que está mejor otro jugador la paso, y si no, intento marcar yo", explicó durante la nota. Cuando le preguntaron si era capaz de sustituir a Ronaldinho si se lesionara, sostuvo: "Sí, creo que sí". Por último, le preguntaron dónde se veía en un año y medio: "Me gustaría estar en el Barça B e ir alternando con el primer equipo, aunque sea entrenando con ellos".

P. D.: Cuatro años más tarde, por los 16avos de final de la Copa del Rey, le convirtió un tanto a Benidorm. En 2014, un gol a Croacia en un encuentro amistoso. En 2018 recibió el premio Pichichi como máximo goleador de la edición anterior de La Liga, y fue elegido por los hinchas como el jugador más valioso del campeonato.

13 DE NOVIEMBRE DE 2003 – LA NOTICIA MÁS ESPERADA

Tras participar de la práctica del Juvenil A, le informaron que viajaría con el primer equipo a disputar un encuentro amistoso ante Porto, en lo que sería su debut. Tanto esfuerzo estaba comenzando a tener su recompensa.

"Me acuerdo de que estábamos entrenando con el Juvenil A, en ese momento estaba Colomer de coordinador y, cuando terminó el entrenamiento, se acercó y se me puso a hablar. Me comentó algunas cosas, y en una de esas me dijo que iba a viajar con el primer equipo", explicó Leo, tiempo después, en Barça TV. Por otro lado, contó lo que le dijo Juan Carlos Rojo, su entrenador: "En ese momento, lo que más nos recalcó fue que fuéramos, que disfrutemos de ese partido, de la experiencia de ir con el primer equipo, de lo que significaba viajar y todo, porque era todo nuevo para nosotros. Pero nos dijo que cuando volviéramos lo hiciéramos con la cabeza pensando en el Juvenil y en lo que nos tocaba jugar al fin de semana siguiente".

P. D.: En 2010, por la Liga, el Barça derrotó 3-1 a Villarreal, y la Pulga se anotó con dos tantos.

14 DE NOVIEMBRE DE 2009 – AMIGOS NO SON LOS AMIGOS

En un amistoso ante España, se enfrentó a sus compañeros del Barça, pero ni un gol suyo pudo evitar la derrota de Argentina.

En el Vicente Calderón, Leo se tuvo que ver las caras ante los mismos jugadores con los que fecha tras fecha compartía equipo en Barcelona. Del lado español estuvieron Puyol, Piqué, Busquets,

Xavi e Iniesta. Tras comenzar perdiendo, Argentina tuvo un penal, el cual la Pulga convirtió y gritó con todo de cara al público. A pesar de eso, sobre el final, el conjunto europeo ganó el encuentro con un tanto de Xabi Alonso.

15 DE NOVIEMBRE DE 2011 – DOS LÁGRIMAS

Como visitante, ante Colombia, fue clave para dar vuelta el resultado en un duro partido por Eliminatorias.

Estadio Roberto Meléndez. Barranquilla. Mucho calor y humedad. Tras un mal primer tiempo, Argentina se fue al vestuario perdiendo 1-0 por culpa de un gol de tiro libre de Dorlan Pabón. En la segunda mitad, con Leo como abanderado, logró dar vuelta el partido. Primero marcó el empate y después, sobre el final, manejó un contraataque para que el Kun Agüero convirtiera el 2-1 final. "Si hubo un partido que nos marcó, ese fue el que disputamos ante Colombia en las Eliminatorias para el Mundial de Brasil. Se vivió un momento muy difícil en Barranquilla, aunque por suerte los muchachos pudieron dar vuelta el resultado cuando el calor era sofocante. Como suele decirse a veces en el fútbol, hay partidos que marcan, que sirven de empujón, de espaldarazo para emprender un camino nuevo. Y pienso que ese tal vez fue el inicio, porque se empezó a crear una especie de círculo virtuoso, en el que el grupo está bien, se obtienen buenos resultados, hay buen ánimo, y si la gente está contenta, de repente se potencian las cosas buenas", analizó, tiempo después, Alejandro Sabella, entrenador de la Selección por aquel entonces.

P. D.: Ocho años antes, un joven Leo, de apenas 16 años, se iba a dormir con una ilusión: debutar al día siguiente en el primer equipo. En 2010 fue galardonado con el Premio Konex de Platino al mejor futbolista de la última década. Desde Barcelona grabó un video en el que afirmó: "Para mí es un honor que me distingan en mi país, estoy muy contento porque fui elegido por jurados muy destacados y por la importancia del premio".

16 DE NOVIEMBRE DE 2003 – LA HORA DE MESSI

Con tan solo 16 años y 145 días, debutó en el Barça en un encuentro amistoso frente a Porto. Sueño cumplido.

Cuando faltaban 15 minutos para el final del encuentro, un joven argentino, de muy pequeña contextura física, saltó al campo de juego. Con la camiseta que le quedaba un poco grande, y que en

la espalda tenía el emblemático número 14 de Johan Cruyff, Leo tuvo dos oportunidades para marcar: primero, en una pelota a la que el arquero llegó más rápido; la más clara cuando, luego de robarle el balón al guardameta, y con el arco vacío, decidió habilitar a Oriol en lugar de rematar. "¿Por qué no pateaste en tu segunda oportunidad?", le preguntó el entrenador. "No sé", contestó. Pero ya habría tiempo para gritar (muchos) goles suyos. Lo cierto es que aquel día lo importante fue el debut, donde dio claras muestras de que estaba a la altura de las circunstancias, preparado para dar el gran salto. "Siempre quise debutar en el primer equipo y ya se me cumplió mi sueño, espero que más adelante pueda seguir jugando. De repente se me dio la oportunidad que había esperado tanto", sostuvo la Pulga en la zona mixta del estadio.

P. D.: En 2008, con un tanto de Leo, Barcelona derrotó 2-0 a Recreativo Huelva. "Claro que ha cambiado. Ahora es el mejor. Cada vez es más determinante en el juego y combina más. Es muy pillo y no se le pasa ni una. Sabe cómo hacer daño", explicó Xavi tras ser consultado sobre su evolución. Un año después, los lectores de la revista francesa *Onze Mondial* lo eligieron como el mejor futbolista del planeta.

17 DE NOVIEMBRE DE 2010 – *ALEGRIA NÃO TEM FIM*

En Qatar, en un encuentro amistoso ante Brasil, convirtió un golazo sobre la hora que significó el 1-0 a favor de Argentina.

Iban 91 minutos. El resultado era 0-0, hasta que Leo agarró la pelota en la mitad de la cancha. Tras una pared con el Pocho Lavezzi, comenzó la corrida y resultó imparable para los defensores brasileños. Una vez que se cerró, sacó un zurdazo seco que se clavó al lado del palo, abajo, inalcanzable para el arquero Víctor. En el banco argentino todos saltaron de alegría tras el tanto. Una vez finalizado el encuentro, la Pulga intercambió camisetas con su amigo Ronaldinho.

P. D.: En 2012, Barcelona derrotó 3-1 a Zaragoza, y Leo marcó dos goles.

18 DE NOVIEMBRE DE 2003 – ALERTA NARANJA

Bajo el título "El futuro es Messi", *Mundo Deportivo* le dedicó, por primera vez, la central de un medio masivo de comunicación. La foto que ilustraba aquella nota era Leo haciendo jueguitos con una naranja en el medio de un Camp Nou vacío.

Dos días después de debutar ante Porto en un encuentro amistoso, el juego de Leo ya daba que hablar en Barcelona. "El argentino, tercer debutante culé más joven tras Alcántara y Baba, lidera la nueva hornada de la cantera", manifestaba la bajada. En la nota, la Pulga, a pesar de sus 16 años, demostraba claramente su espíritu competitivo: no conforme con el debut, se lamentó por no haber podido marcar ni haber conseguido una victoria. "Me costó un montón dormirme la noche anterior al partido. Estaba tan metido en él que no podía cerrar los ojos. Solo quería jugar. Se me dio y me puse muy feliz", explicó. Como recuerdo, Roberto Martínez, el periodista que realizó la nota, aún guarda en un frasco de vidrio herméticamente cerrado aquella naranja.

19 DE NOVIEMBRE DE 2005 – EL PRIMER CLÁSICO

Su debut ante Real Madrid se dio en el Santiago Bernabéu, en una histórica victoria 3-0. No pudo convertir, pero la rompió.

A pesar de que aquella jornada fue Ronaldinho el que se llevó todos los flashes (marcó dos tantos y todo el estadio lo aplaudió de pie), fue un encuentro muy significativo para Leo por ser su primer clásico. En la previa le ganó la pulseada a Giuly y se quedó con la titularidad. Adentro de la cancha, Rijkaard lo ubicó sobre la derecha, como extremo, y allí venció en su duelo al brasileño Roberto Carlos. "Messi es un gran jugador con una grandísima calidad", explicó el técnico holandés tras el histórico triunfo.

P. D.: En 2011, por la Liga, le convirtió un tanto a Zaragoza, en un triunfo 4-0. En 2012 fue reconocido por la Federación Internacional de Historia y Estadística (IFFHS) como el mejor goleador del mundo del año.

20 DE NOVIEMBRE DE 2013 – LA TERCERA SIGUE SIENDO LA VENCIDA

46 goles en 32 partidos le permitieron ser el mejor goleador de la temporada europea y quedarse con una nueva Bota de Oro.

Hristo Stoichkov, otro histórico jugador de Barcelona, le entregó el premio en la sede Estrella Damm. Leo, que se estaba recuperando de una lesión, registró 46 tantos en 32 encuentros (un promedio de 1,43). Durante la temporada, les marcó a todos los equipos de la Liga (ya fuera en la ida o en la vuelta) y consiguió algo que nadie había logrado: completó una vuelta entera convirtiendo. "No es mi objetivo la Bota de Oro, ni mucho menos. Nunca lo fue, ni cuando estuve bien ni mucho menos ahora. Mi objetivo es volver bien, oja-

lá que el de arriba me lo pueda permitir", explicó tras convertirse en el primer futbolista de la historia en conseguir por tercera vez la distinción.

P. D.: En esta fecha anotó seis tantos: uno con la Selección Argentina (ante Colombia, en 2007) y cinco con la camiseta blaugrana (un *hat-trick* a Almería en 2010, y un doblete a Spartak Moscú en 2012).

---

21 DE NOVIEMBRE DE 2015 – GOLEADA A DOMICILIO

En el Santiago Bernabéu, Barcelona venció 4-0 a Real Madrid en un histórico clásico. Leo, que reapareció luego de dos meses de baja por rotura del ligamento colateral interno de su rodilla izquierda, fue al banco y jugó un poco más de media hora.

Finalmente llegó, pero comenzó como suplente. Tras dos meses fuera de las canchas, la Pulga hizo su reaparición, pero el Barça casi que ni lo necesitó. El equipo dirigido por Luis Enrique jugó un partido brillante, borró al Madrid de la cancha y no dependió de su máxima figura. En un gran encuentro de Suárez, Neymar e Iniesta, Leo ingresó a los 57 minutos por Rakitić, cuando el marcador estaba 3-0. Una vez en cancha, participó en el cuarto tanto de una goleada histórica.

---

22 DE NOVIEMBRE DE 2014 – EL HOMBRE RÉCORD

En un encuentro ante Sevilla anotó un *hat-trick* y superó una marca que tenía casi 60 años: con 252 goles se convirtió en el máximo goleador de la historia de la Liga española, dejando en segundo lugar al legendario Telmo Zarra.

Logró algo impensado. Durante años, las 251 anotaciones que Zarra marcó entre 1940 y 1955, con la camiseta de Athletic Club de Bilbao, parecían inalcanzables para todos los goleadores que pasaban por el fútbol español. Pero para Leo, si hablamos de batir récords, nada es imposible. Y con tan solo 27 años, se convirtió en el máximo anotador de la Primera División de España. "Cuando marqué este gol, el primero en la Liga, no imaginaba superar ningún récord y menos aún al gran Telmo Zarra. Hoy lo pude cumplir gracias al apoyo de muchísimas personas que me han ayudado durante estos años. El récord es para todos ellos, gracias por haber estado siempre conmigo. También para quienes me apoyaron y ya no están con nosotros. Los sigo teniendo muy presentes. ¡Gracias a todos!", escribió en su cuenta de Facebook, debajo de un video con su primer gol en la Liga.

P. D.: En 2002, Marcelo Bielsa, por aquel entonces técnico de Argentina, emprendió una gira por Europa para charlar con jugadores junto con Claudio Vivas. Así fue como, en Barcelona, su ayudante se enteró de la situación de Leo, que la rompía en las juveniles del Barça y estaba siendo tentado para jugar en la Selección de España. En su regreso al país, el 22 de noviembre, se reunió con Tocalli y le llevó un VHS con las mejores jugadas de la Pulga. "Por favor, no dejen pasar esta oportunidad. Si no actuamos rápido, posiblemente, no por Lionel ni por el padre, pero sí por una cuestión de presión, vamos a perder a un gran jugador", le explicó. Tras la intervención de Bielsa, y de altos directivos de la Asociación del Fútbol Argentino, comenzó el operativo para citarlo.

23 DE NOVIEMBRE DE 2011 – PISANDO FUERTE

Gol de penal e importante triunfo ante Milan como visitante por la Champions League.

Un choque de alto nivel. En Italia, Barcelona venció 3-2 al conjunto de Massimiliano Allegri y se aseguró el primer puesto del grupo. Cuando el encuentro estaba 1-1, Leo convirtió de penal, pero con una curiosidad: lo tuvo que ejecutar dos veces, ya que en la primera amagó, por lo que fue amonestado. Tras la igualdad de Milan, encontró con un pase quirúrgico a Xavi, que puso el 3-2 final. Al año siguiente, repitieron el duelo, pero esta vez por los cuartos de final del certamen, donde ganó el equipo dirigido por Guardiola con un global de 3-1.

P. D.: También por Champions, en 2016 le marcó un doblete a Celtic como visitante.

24 DE NOVIEMBRE DE 2017 - LA PULGA CON BOTAS

A los 30 años, obtuvo por cuarta vez en su carrera la Bota de Oro. Tras agradecer a sus compañeros, contó: "He madurado dentro y fuera del campo".

De manos de su amigo Luis Suárez, Leo recibió el premio que reconoce al máximo goleador de la temporada europea. Con cuatro distinciones de este tipo, alcanzó la marca que también poseía Cristiano Ronaldo. "Siempre dije que no me considero un delantero, pero tuve la suerte de marcar goles. He crecido tanto dentro como fuera del campo, he ido mejorando, acumulando más cosas

a mi juego. Cada día disfruto más de ser jugador", explicó ante la pregunta del conductor del evento, el periodista Eduardo García.

P. D.: En la misma fecha convirtió cuatro tantos: uno a Recreativo de Huelva (2007), otro a Panathinaikos (2010) y dos a la Roma (2015).

25 DE NOVIEMBRE DE 2014 – EL MÁXIMO *CHAMPIONS*

Con un *hat-trick* ante APOEL, superó al español Raúl como el mayor goleador de la competencia europea.

En otra exhibición de fútbol, Leo alcanzó otro récord que aumentó su leyenda. En Chipre, el Barça se quedó con la victoria 4-0, y la Pulga, que llegó a 74 gritos en Champions League, superó a Raúl como máximo goleador del certamen. "No voy a ser original al decirlo, pero tengo que hacerlo. Messi es un verdadero fenómeno, hace cosas fantásticas con los pies y es muy difícil de parar", opinó Giorgos Donis, el técnico rival.

P. D.: En 2007 recibió el trofeo Bravo, que lo distinguió como el mejor jugador sub 21 de las ligas europeas durante la temporada 2006/2007. En 2012, Barcelona derrotó 4-0 a Levante y Leo, que jugó con una muñequera en la que tenía escrito a mano "Te amo, Thiago", convirtió un doblete.

26 DE NOVIEMBRE DE 2017 – EL GOL FANTASMA

En un encuentro ante Valencia, un disparo suyo claramente picó detrás de la línea de gol, pero increíblemente el árbitro no lo convalidó.

A los 29 minutos de juego, sacó un potente remate de zurda, el cual después de una floja respuesta del arquero Neto, se metió entre sus piernas y traspasó la línea de gol. Tras un pique, el brasileño la sacó con su mano. Para sorpresa de todos, el árbitro Ignacio Iglesias y su asistente Enrique José Ramos Ferreiro no convalidaron el tanto. Leo, evidenciando su enojo, se acercó a los jueces a reclamarles, pero la decisión ya estaba tomada. Más tarde, a los 81, la Pulga asistió de manera brillante a Jordi Alba, que anotó el 1-1 final.

P. D.: En 2008 le marcó un tanto a Sporting de Lisboa, en una victoria 5-2.

27 DE NOVIEMBRE DE 2005 – CONDECORACIÓN

Su tercer gol oficial en el Barça se lo convirtió a Racing de Santander. "Es un placer jugar al lado de Messi, es como Maradona", tiró Deco.

En el Camp Nou, Leo fue titular, marcó un golazo y fue ovacionado por todo el estadio. A los 7 minutos de la segunda mitad, arrancó por la derecha y, tras dejar en el camino a un defensor, el joven con el número 30 en la espalda sacó un zurdazo al ras del piso. En el festejo fueron todos sus compañeros a abrazarlo. "Ha sido muy lindo que me levantaran después de que yo marcara", explicó. Por su parte, Deco sostuvo: "Para mí, es un placer jugar al lado de un futbolista como Messi. Tengo diez años más (28 contra 18), pero espero seguir disfrutando con él durante mucho tiempo. Me recuerda a Maradona".

P. D.: En 2016, el conjunto culé igualó 1-1 ante Real Sociedad con un gol de Leo.

28 DE NOVIEMBRE DE 2018 – GOLES SON COLORES

Otro récord en la Champions: con el tanto que le marcó a PSV, se transformó en el jugador que más anotaciones convirtió en el certamen con la misma camiseta.

En su visita a Holanda, el Barça ganó 2-1 y ratificó su pase a octavos como primero del grupo. Leo, que volvió a jugar de *falso 9* por la ausencia de Suárez, abrió el marcador con un golazo: tras combinar con Dembélé, gambeteó a un rival y sacó un potente zurdazo para alcanzar los 106 goles en la competencia europea con el conjunto culé, superando los 105 de Cristiano Ronaldo en Real Madrid.

P. D.: En 2015, el equipo catalán goleó 4-0 a Real Sociedad con un tanto de Leo.

29 DE NOVIEMBRE DE 2010 – UN *CLÁSICO* PARA EL RECUERDO

En un encuentro histórico, que quedó en la memoria de todos los hinchas, el Barça jugó un partido perfecto y goleó 5-0 a Real Madrid.

No precisó marcar para ser la figura de la jornada, porque jugó para el equipo, en busca del bien colectivo. Fue imparable para sus rivales y solidario con sus compañeros. Participó en cuatro de las cinco conquistas (le anularon una y le dio dos asistencias a Villa).

"El genio de genios. Se inventó dos goles y le faltó el suyo, por el que porfió con tanto ahínco que alguna vez no eligió bien tras alguna de sus incontables e incomparables jugadas. Un día dirán: 'Yo vi jugar a Messi'. Este discutirá hasta a Pelé", escribieron sobre él en el diario *Mundo Deportivo*.

P. D.: En 2008 le marcó un doblete a Sevilla; en 2011, un tanto a Rayo Vallecano.

30 DE NOVIEMBRE DE 2012 – LOCO POR LEO

Consultado sobre quién debería ganar el Balón de Oro, Marcelo Bielsa no dudó y eligió a la Pulga.

En conferencia de prensa, en la previa de un encuentro entre su equipo, Athletic de Bilbao, ante el Barça, el técnico fue consultado sobre quién de los tres ternados (Leo, Iniesta y Cristiano Ronaldo) debería ser el ganador: "La pregunta lleva incluida la respuesta al ser un compatriota mío. Cuando nos convertimos en hinchas y dejamos de tener una mirada profesional, Messi es una debilidad sobre la que opinamos de una única manera".

MESSI
10
FIFA

DICIEMBRE

1° DE DICIEMBRE DE 2009 – EL MEJOR DE TODOS

Con apenas 22 años, obtuvo su primer Balón de Oro por ser el futbolista más destacado de la temporada 2009. Cristiano Ronaldo y Xavi completaron el podio.

Tras un gran año en cuanto a lo futbolístico, en el cual alcanzó un nivel superlativo y consiguió el triplete, fue premiado como el mejor jugador de la temporada. Sumó 473 unidades sobre 480 posibles, consiguiendo la mayor puntuación en la historia del premio. Cristiano Ronaldo y Xavi, sus competidores, finalizaron con 233 y 170 puntos cada uno. Cabe destacar que, en los años anteriores, Leo se había quedado muy cerca de ganarlo: en 2007 había finalizado tercero (lo obtuvo el brasilero Kaká) y en 2008, en la segunda posición, cuando lo ganó CR7.

P. D.: Tres años después, en 2012, le convirtió dos goles a Athletic de Bilbao, en una victoria 5-1.

2 DE DICIEMBRE DE 2007 – LEO DE BRONCE

La revista *France Football* lo consideró el tercer mejor futbolista del año.

Tras una votación en la que 96 periodistas (53 pertenecientes a cada una de las asociaciones miembros de la UEFA, y los 43 restantes a distintos países que alguna vez clasificaron a un Mundial) votaron al jugador más destacado del 2007, Leo finalizó en la tercera ubicación con 255 unidades, solo detrás del brasileño Kaká (444) y de Cristiano Ronaldo (277).

P. D.: Al año siguiente terminó en la segunda ubicación de la votación, solo detrás de CR7. En 2017, el Barça igualó 2-2 ante Celta de Vigo con un gol suyo.

3 DE DICIEMBRE 2017 – *HELLO, FRANK*

Rijkaard, el técnico que lo hizo debutar en el primer equipo del Barça, visitó la Ciudad Deportiva Joan Gamper y se reencontró con Leo.

Por distintos hitos en el club, como la obtención de la Champions en 2006 o el debut de la Pulga en Primera División, en Barcelona guardan un muy buen recuerdo del entrenador holandés. Tras haber visto el día anterior la igualdad 2-2 ante Celta en el Camp Nou, el domingo se acercó a observar el entrenamiento: allí se encontró con Leo, con quien conversó, y luego se sacó una foto junto con su hijo. "Messi es Dios, se merece todos los elogios, al igual que Iniesta. He hablado con ellos para felicitarlos por todo lo que han hecho, me llenan de orgullo y siempre los sigo desde la distancia", explicó.

P. D.: En 2011, por la jornada 15 de la Liga, Barcelona derrotó 5-0 a Levante con un tanto de la Pulga.

4 DE DICIEMBRE DE 2010 – RÁPIDOS Y FURIOSOS

Por una huelga del personal ligado a las aerolíneas, el plantel del Barça tuvo que viajar en tren y luego en micro para arribar a Pamplona. Casi no tuvo tiempo de entrar en calor: llegó, salió a la cancha y le ganó, con dos goles de Leo, 3-0 a Osasuna.

En un principio, el partido se había postergado para el día siguiente por una huelga de los controladores aéreos, pero finalmente la RFEF dio marcha atrás y el Barça tuvo que llegar como pudo: primero en tren hasta Zaragoza y luego en micro. Arribó al estadio a las 20:02 (el encuentro estaba estipulado a las 20:00) y, finalmente, el pitazo inicial se dio 48 minutos más tarde. Allí, el conjunto blaugrana demostró que no hay equipo ni incidente que lo pudieran frenar: con un Leo en un nivel superlativo (marcó dos tantos y dio una asistencia), se quedó con el triunfo 3-0 para mantener la ventaja de dos puntos sobre el Madrid en la cima de la tabla de posiciones.

P. D.: En 2015, la revista inglesa *FourFourTwo* lo destacó como el mejor jugador del año.

5 DE DICIEMBRE DE 2001 – NUEVO CONTRATO

Tras varias reuniones, renegoció con el Barça un sueldo mucho menor: el club pasó a pagarle veinte millones de pesetas (120.000 euros).

Por una decisión institucional, en Barcelona les pusieron un límite salarial a todos los juveniles de la cantera. A partir de esta medida, comenzaron las reuniones con Jorge Messi, pero la diferencia entre el primer contrato y lo ofrecido era muy notoria. Finalmente, se llegó a un acuerdo: Leo, que todavía no contaba con el transfer, iba a recibir el límite salarial del Barcelona B; y su padre, un préstamo para reformar la casa. "En realidad ese valor de 3900 euros por mes era por un trabajo para mí. Además, Lionel percibía un fijo más un valor variable por partido, siempre y cuando se ganara o empatara. Y dependiendo en qué categoría se encontraba, ese número se valoraría más o menos", explicó su papá tiempo después.

P. D.: Años más tarde, en 2009, marcó dos tantos en una victoria 3-1 ante Deportivo La Coruña.

6 DE DICIEMBRE DE 2008 – SIEMPRE ADENTRO

En un partido ante Valencia, se enojó con Guardiola porque lo reemplazó cuando el Barça ganaba 4-0 ¡a los 36 minutos del segundo tiempo!

Con el encuentro liquidado, y teniendo en cuenta que se venía Real Madrid, Pep decidió cuidarlo. Cuando Leo vio que le tenía que dejar su lugar a Pedro, se fastidió mucho con el entrenador. "No me gusta salir. Me gusta terminar los partidos, vayan como vayan. Prefiero entrar que salir, quiero jugar. No me gusta que puedan pasar cosas y yo me quede en el banco", explicó en una entrevista que le dio a TyC Sports años después. Al ser consultado sobre el episodio ante Valencia, explicó: "Fue una boludez que después se me pasó". Al día siguiente de la victoria, según informó RAC1, se presentó en las instalaciones del club a entrenar, pero estaba tan enojado que no se cambió.

P. D.: En 2006 recibió el premio Joven promesa del año que le entregó la Federación Internacional de Futbolistas Profesionales. Diez años después, a pesar de que el Barça ya tenía asegurado el primer puesto en la fase de grupos de la Champions, jugó de arranque la última fecha ante Borussia Mönchengladbach: golazo y victoria por 4-0. En 2018 fue galardonado por sexta vez en su

carrera con el premio Aldo Rovira como el mejor jugador del Barça en la temporada anterior.

7 DE DICIEMBRE DE 2004 – HOLA, CHAMPIONS

Ante Shakhtar Donetsk, por la última fecha de la fase de grupos, hizo su debut en la competencia. El resultado final fue derrota 2-0.

Como Barcelona ya estaba clasificado a los octavos de final, Rijkaard decidió poner un equipo con mayoría de suplentes en su visita a Ucrania. Por ese motivo, Leo jugó desde el arranque, en lo que significó su debut en la competencia europea de mayor prestigio. Disputó los 90 minutos y, al día siguiente, el diario *Mundo Deportivo* hizo el siguiente análisis sobre su actuación "Desafortunado. Dejó muestras de su clase y lo intentó todo, pero sin acierto. Jugó de falso ariete, se movió mucho y pidió el balón, pero no pudo con la contundencia de los centrales".

P. D.: Diez años más tarde, marcó un *hat-trick* ante Espanyol para que el Barça se quedara con el derbi catalán por 5-1. Además, en 2017, finalizó segundo en la votación del Balón de Oro al mejor futbolista del año.

8 DE DICIEMBRE DE 2017 – LEO LIBRE

Dos golazos de falta y una asistencia para derrotar 4-0 a Espanyol como visitante.

El derbi catalán fue, una vez más, todo blaugrana. En una exhibición total, la Pulga marcó dos tantos impresionantes de tiro libre, uno en cada arco. Además, le dio una genial asistencia a Dembélé para que el Barça fuera más líder que nunca. Tras el encuentro, Rubi, el técnico de Espanyol, se rindió a sus pies: "No creo que tenga que añadir mucha cosa más de lo que ha visto todo el mundo. Si no lo paras con faltas, se te mete hasta la cocina. Intentábamos cortarle trayectoria hacia dentro y si le cometíamos faltas es porque había que hacerlas. Y respecto a sus lanzamientos de tiro libre, ante un lanzador como él no se puede hacer mucha cosa".

9 DE DICIEMBRE DE 2012 – EL BOMBARDERO DE LA NACIÓN

Con un doblete ante Betis, igualó y superó el récord de goles en un año calendario que tenía hasta ese momento Gerd Müller.

Desde 1972, el delantero alemán se jactó de ser el jugador con más goles durante un año natural, hasta que llegó Leo. La marca de los 85 tantos, que parecía inalcanzable, la Pulga la superó con un doblete en la sufrida victoria 2-1 ante Betis en Villamarín. En total, alcanzó la sorprendente cifra de 86 anotaciones en 66 encuentros (el 2012 lo cerraría con 91 gritos). "No volveremos a ver un jugador como Messi", afirmó Tito Vilanova.

P. D.: En esa fecha le convirtió un tanto de tiro libre a Dinamo de Kiev en 2009; y otro a Bayer Leverkusen en 2015.

10 DE DICIEMBRE DE 2011 – DE ACÁ A JAPÓN

En el Santiago Bernabéu, antes de viajar a Asia para disputar el Mundial de Clubes, el Barça de Guardiola volvió a derrotar al Madrid de Mourinho con Leo como protagonista.

Solamente habían pasado 22 segundos cuando Benzema puso en ventaja al conjunto local, pero Barcelona se repuso a todo, incluso al tanto más rápido en la historia de los clásicos. La Pulga, en un nivel altísimo, se puso el equipo al hombro y se hizo cargo del momento. Apareciendo por todos los sectores de la cancha, y siendo una pesadilla para los jugadores de blanco, gestó el 1-1 con una gran jugada individual y una asistencia perfecta para Alexis Sánchez. Luego, ya con el resultado a su favor, rompió líneas con un pase a Dani Alves que terminó con el gol de Cesc y el 3-1 final. La victoria le significó al equipo de Pep poder viajar a Japón a disputar el Mundial de Clubes como puntero de la Liga, ya que, con un partido más, alcanzó a su máximo rival con 37 unidades.

P. D.: En la misma fecha marcó cuatro tantos: a PSG (2014), un doblete a Osasuna (2016) y a Villarreal (2017).

11 DE DICIEMBRE DE 2004 – MINUTO PARA GANAR

Ante Albacete, dos meses después de su debut en la Liga, estuvo calentando durante casi media hora, pero solo ingresó faltando 60 segundos.

En el estadio Carlos Belmonte, el Barça logró sacar adelante el encuentro y se quedó con el triunfo 2-1, con goles de Iniesta y Xavi. Leo, entonces un juvenil de solo 17 años, comenzó el partido sentado en el banco de suplentes. A pesar de que estuvo entrando en calor durante treinta minutos, el técnico Rijkaard lo hizo ingresar por el español Damià recién cuando faltaba un minuto para el final.

P. D.: En 2007 ganó el Premio Consagración del Fútbol Exterior que otorgó el diario *Clarín*. Su mamá, Celia, presente en el evento, recibió el galardón.

12 DE DICIEMBRE DE 2010 – UNA NUEVA FUNCIÓN

En el Camp Nou se lució con dos golazos para derrotar 5-0 a Real Sociedad.

Otra gran actuación colectiva de todo el Barça: con juego asociado, triangulaciones y aceleración, le resultó imposible al conjunto de San Sebastián entrar en partido. Leo, por su parte, maravilló con dos goles antológicos: el primero, luego de una triple pared con su socio Dani Alves; el segundo, tras apilar a varios defensores en una extraordinaria jugada individual.

P. D.: En la misma fecha fue distinguido en dos oportunidades por el diario *Clarín*. En 2005, con el premio de Oro a la revelación del año, galardón que compartió con su amigo el Kun Agüero; y en 2011, condecorado como el deportista argentino más destacado de la temporada. En 2016 finalizó segundo en la votación por el Balón de Oro. En cuanto a lo futbolístico, le marcó un doblete a Córdoba (2012) y un gol a Deportivo La Coruña (2015).

13 DE DICIEMBRE DE 2008 – MÁS BARATO POR DOCENA

Golazo para cerrar un clásico perfecto: victoria 2-0, el Barça más líder que nunca, y Real Madrid a 12 puntos.

En un encuentro en el que constantemente sufrió las violentas faltas de sus rivales, tuvo merecida recompensa sobre el final. Ya con el marcador 1-0, mostró toda su clase para cerrar el partido. Al quedar mano a mano ante Casillas, se la picó por encima y, aunque la resolución fue distinta, el gol hizo recordar al que convirtió Maradona ante el mismo rival, cuando Juan José terminó estrellado contra el palo. En esta oportunidad, fue Fabio Cannavaro quien se la dio contra el poste, en su fallido intento por evitar el golazo de Leo.

P. D.: En 2005, el diario italiano *Tuttosport* le concedió el premio European Golden Boy como el mejor jugador del fútbol europeo menor de 21 años. En 2016, Murtaza Ahmadi, el niño afgano cuya imagen con una bolsa de plástico que simulaba ser la remera de Argentina de la Pulga dio la vuelta al mundo, se dio el lujo de conocerlo y de entrar junto a él en un partido amistoso del Barça ante Al Ahli, en Doha.

14 DE DICIEMBRE DE 2000 – PAPELES EN EL VIENTO

Charly Rexach improvisó el primer contrato de Leo en una servilleta, la cual actualmente está exhibida en el museo del Barça.

En un encuentro entre Rexach, Josep María Minguella y Horacio Gaggioli (entonces representante de la Pulga) en el Club de Tennis Pompeia, el directivo de club catalán se comprometió a ficharlo bajo su responsabilidad, en lo que significó simbólicamente su primer contrato. "En Barcelona, a 14 de diciembre del 2000 y en presencia de los Sres. Minguella y Horacio, Carles Rexach, secretario técnico del FC Barcelona, se compromete bajo su responsabilidad y a pesar de algunas opiniones en contra a fichar al jugador Lionel Messi siempre y cuando nos mantengamos en las cantidades acordadas", escribió en la servilleta más famosa de la historia.

P. D.: En 2005, recibió en el Camp Nou el premio Golden Boy que entrega el diario italiano *Tuttosport* a los mejores jugadores menores de 21 años. Siete temporadas después, la revista *World Soccer* lo galardonó como el futbolista más destacado de 2012.

15 DE DICIEMBRE DE 2017 – EN EL TOPE

La revista inglesa *FourFourTwo* lo eligió como el mejor jugador del año.

"Nadie en las cinco grandes ligas de Europa ha marcado más goles en 2017. Nadie en la Liga ha logrado más asistencias, oportunidades creadas, gambetas o pases clave. Desde el verano, casi por sí solo ha arrastrado a un Barcelona en crisis a la cumbre de La Liga, y a su país, al Mundial. Él es el mejor jugador del mundo", explicaron desde la publicación al momento de la elección. El podio fue completado por Cristiano Ronaldo y Neymar.

P. D.: En 2011, la revista *World Soccer* lo premió como mejor jugador del año. Leo obtuvo más del sesenta por ciento de los votos en la encuesta realizada entre los lectores de la publicación británica en más de cuarenta países.

16 DE DICIEMBRE DE 2009 – LA BALADA DEL PISTOLEO

En las semifinales del Mundial de Clubes, frente al Atlante mexicano, ingresó con el partido 1-1 y, un minuto después, convirtió el tanto que le dio la clasificación al Barça.

Tras sufrir un esguince en el tobillo derecho ante Dínamo Kiev, Leo llegó con lo justo a los Emiratos Árabes Unidos. Por esa razón,

ante el conjunto mexicano, Guardiola decidió cuidarlo y no cargarlo de minutos, y comenzó en el banco de suplentes. Tras el gol tempranero de Atlante, Sergio Busquets logró igualarlo durante la primera mitad. Ya en el complemento, Pep hizo ingresar a Leo por Touré Yaya. En la primera pelota que tocó, marcó con un remate cruzado. Luego, Pedro señaló el 3-1, resultado que le dio al conjunto culé la clasificación a la final. "No es la primera vez que Messi lo hace, tiene en la sangre el gen de querer decidir partidos, de ser competitivo siempre. No voy a descubrir nada si digo que prefiero que esté. El mejor siempre ayuda", tiró el técnico. Además, explicó: "Él quería jugar, pero hablamos con los médicos y decidimos que, para evitar el riesgo de recaída, comenzara en el banquillo, para usarlo si el partido lo requería. Y el encuentro estaba para utilizarle".

P. D.: En la misma fecha marcó cinco tantos: un doblete a Atlético de Madrid (2012) y un *hat-trick* a Levante (2018).

---

17 DE DICIEMBRE DE 2007 – PACIENCIA

En Zúrich lo reconocieron con el FIFA World Player de plata como el segundo mejor jugador del año, por detrás del brasileño Kaká.

Con tan solo 20 años, recibió el FIFA World Player de plata tras un excelente 2007. Kaká (oro) y Cristiano Ronaldo (bronce) completaron el podio. "Se me hace extraño no ver aquí a Ronaldinho, sigo pensando que es el mejor del mundo", explicó Leo en la gala. Por su parte, Pelé se refirió a la Pulga: "Hay que tener paciencia con Messi para que pueda confirmarse, porque tiene mucha calidad".

P. D.: Diez años después, Barcelona goleó 4-0 a Deportivo La Coruña e, increíblemente, Leo no marcó ningún tanto: pegó tres tiros en los palos y ¡hasta le atajaron un penal!

---

18 DE DICIEMBRE DE 2011 - *O REI LIONEL*

Dos golazos y una exhibición para salir campeón del Mundial de Clubes frente al Santos de Neymar.

"Con el Barça hemos aprendido cómo se juega al fútbol", admitió Ney al terminar el encuentro. En Yokohama no hubo equivalencias en la final entre el campeón de Europa y el de América: con Leo como ícono, el Barça vapuleó al conjunto brasileño y se quedó con el triunfo 4-0. Los goles de la Pulga fueron dos obras de arte: el primero, para abrir el encuentro, picándosela al arquero; el último, para sellar el resultado, tras una gambeta a Rafael Cabral. Con el título, el conjunto de Pep se quedó con 13 de los 16 torneos que había disputado hasta ese momento. En la entrega de premios fue reconocido como el mejor jugador del partido y del certamen. Se encontró con Neymar, a quien Barcelona ya estaba siguiendo de cerca para incorporarlo, y le aconsejó fichar para el club catalán.

P. D.: Cinco años después, fue protagonista de una victoria 4-1 ante Espanyol: maravilló con dos grandes jugadas individuales que terminaron en goles de Suárez y Jordi Alba; y, sobre el final, cerró la exhibición con un golazo. En 2017 recibió el Pichichi como máximo goleador de la Liga 2016/17, en la que convirtió 37 tantos en 34 partidos. También se quedó con el premio Alfredo Di Stéfano, que reconoce al mejor jugador de la temporada anterior. En 2018 obtuvo su quinta Bota de Oro por haber sido el mayor anotador de las ligas europeas, convirtiéndose en el futbolista que más veces la ganó.

19 DE DICIEMBRE DE 2009 – LE PINCHÓ LA ILUSIÓN

Durante el tiempo suplementario, convirtió de pecho el tanto que le dio al Barça su primer Mundial de Clubes, ante Estudiantes de La Plata.

En Abu Dabi, la final ante el campeón de la Copa Libertadores resultó más que complicada para el Barça. Cuando parecía que el partido se moría con una derrota, a los 89 minutos, Pedro igualó el encuentro, por lo que forzó a jugar una prórroga. Allí, Leo se continuó agigantando su leyenda. Tras un centro desde la derecha de Dani Alves, se lanzó hacia adelante y, con el pecho, marcó el gol que le dio al club su primer Mundial de Clubes. El equipo de Pep Guardiola cerró un año inolvidable, en el que ganó todo lo que disputó (Liga, Copa del Rey, Champions, las Supercopas de España y de Europa, y el Mundial de Clubes). Luego del histórico triunfo, la Pulga recibió el Balón de Oro como mejor futbolista de la competencia y un premio económico de 22.000 dólares, los cuales, en otro gesto de humildad, los donó a La Masia.

P. D.: En 2017 obtuvo el Olimpia de Plata al mejor futbolista argentino en el exterior, premio que ganó en once oportunidades (2005, 2007, 2008, 2009, 2010, 2011, 2012, 2013, 2015, 2016 y 2017).

20 DE DICIEMBRE DE 2015 – PERDÓN Y GRACIAS

Barcelona derrotó 3-0 a River y se quedó con el Mundial de Clubes disputado en Japón. Leo, luego de convertir el primer tanto, les pidió disculpas a los hinchas argentinos.

A pesar de dominar el encuentro, al Barça le estaba costando llegar al arco defendido por Marcelo Barovero. Por eso, cuando la Pulga marcó el primer tanto, fue un alivio para todo el banco de suplentes culé. Luego de los abrazos de sus compañeros, quedó expuesto ante todo el público de River y solo atinó a levantar su brazo con el clásico gesto de perdón. "Los hinchas y jugadores hicieron mucho esfuerzo por viajar y tenían una ilusión muy grande. Siendo argentino, me tocó sacarles esa ilusión con el primer gol y fue algo raro. La disculpa me salió así y quedó ahí. Después, como siempre lo hago cuando salgo a una cancha, quería ganar y ser campeón. Por suerte, al final fue así", contó.

P. D.: En 2011 fue galardonado con el Olimpia de Oro como el deportista argentino más destacado del año. En 2014, por la Liga, le convirtió dos tantos a Córdoba en el Camp Nou.

21 DE DICIEMBRE DE 2009 – MUY MUY, PERO MUY LEJOS...

Una nueva distinción en un gran año a nivel individual y colectivo: fue galardonado con el FIFA World Player, triplicando en puntos a Cristiano Ronaldo, que quedó segundo.

La diferencia abismal de unidades habla por sí sola. Tras un 2009 brillante, en el que había conseguido el Balón de Oro y los seis torneos que jugó con el Barça (Liga, Champions League, Copa del Rey, Supercopa de España y de Europa, y Mundial de Clubes), en Zúrich lo cerró con una nueva distinción como mejor jugador del año. Obtuvo 1073 puntos, quedando muy lejos CR7 (352), Xavi (196), Kaká (190) e Iniesta (134). "Antes que nada, quiero agradecer a los compañeros que votaron, es un gran honor recibir este premio. Muchísimas gracias. Ha sido una temporada maravillosa para el Barça, para mis compañeros y para mí", manifestó en la gala.

P. D.: En 2018, la revista inglesa *FourFourTwo* lo destacó como el mejor jugador del año.

22 DE DICIEMBRE DE 2012 – A PURO GOL

Tras superar el histórico récord de tantos en un año natural que tenía el alemán Gerd Müller, cerró el 2012 con 91 gritos.

Descomunal. Su año más goleador (y el de cualquier futbolista de la historia) lo finalizó con un tanto de lujo: luego de una gran jugada individual, con caño incluido, definió cruzado para el 2-0 ante Real Valladolid. Con Roura en el banco de suplentes, los jugadores le dedicaron el triunfo a Tito Vilanova, que miró el encuentro desde su casa por una recaída en su dura enfermedad. El triunfo, además, le permitió al Barça sacarle 16 puntos de ventaja a Real Madrid, una diferencia histórica entre ambos clubes.

P. D.: En 2011 fue distinguido como mejor deportista latinoamericano del año en una encuesta de Prensa Latina. En 2017, el diario británico *The Guardian* lo premió como el futbolista más destacado de la temporada. En 2018, le convirtió un tanto a Celta (su gol 398 en la Liga).

23 DE DICIEMBRE DE 2017 – A DOMICILIO

Un tanto de penal y una asistencia para ganar 3-0 en el Bernabéu, y dejar a Real Madrid a 14 puntos de distancia.

Tras un primer tiempo complicado, en la segunda mitad el Barça desplegó todo su fútbol con Leo como abanderado y se quedó con el clásico de visitante. Con el partido 1-0, cambió por gol un penal, y la foto de su festejo, con las manos en alto mirando la tribuna, recorrió el mundo. Ya sobre el final, hizo un *jugadón* sobre la derecha y, luego de llegar al fondo, envió el centro atrás para que Aleix Vidal marcara el 3-0 y dejara al equipo culé más puntero (y lejos del Madrid) que nunca.

P. D.: En 2005, en el estadio Único de la Plata, compartió equipo con Maradona en un encuentro amistoso, en el marco de la "Fiesta de las Estrellas".

24 DE DICIEMBRE DE 2005 – PAPÁ LIONEL

Bajo este título, el diario *Olé* publicó en su tapa una divertida producción en la que Leo estaba disfrazado de Papá Noel.

"¿El mejor regalo que recibí en Navidad? Una camiseta de Newell's", contó en la entrevista que le realizó el periodista Federico Winer. Con el traje rojo y blanco, el gorro, la barba y hasta ¡una botella de *champagne*!, un Leo distendido se divirtió y se animó a pedir cosas para Navidad. De su puño y letra, aparece en una de las hojas una carta suya: "Querido Papá Noel, te pido la Liga, Copa del Rey, Champions y, para terminar, el Mundial". Abajo, su firma cerraba el pedido.

P. D.: En 2011, *L'Equipe* lo eligió como "Campeón de Campeones" por ser el deportista más destacado del año. En 2013 y 2015, el diario inglés *The Guardian* lo premió como mejor futbolista de la temporada.

---

25 DE DICIEMBRE DE 2012 – LÍO DE JANEIRO

En una encuesta realizada a cien futbolistas brasileños, fue elegido como mejor jugador del año.

Con 90 votos, Leo lideró la encuesta que hizo el portal deportivo UOL Esporte entre cien futbolistas de los quince principales clubes brasileños. Como escolta quedó Cristiano Ronaldo, con siete unidades, mientras que Neymar, Xavi y Andrés Iniesta sumaron una cada uno.

---

26 DE DICIEMBRE DE 2015 – LA FIGURA *DE L'EQUIPE*

El diario deportivo francés lo posicionó en el quinto lugar entre los mejores deportistas de la temporada.

Como cada fin de año, *L'Equipe* confeccionó una lista con los deportistas más destacados del año. En una temporada en la que había ganado todo lo que jugó con el Barça, Leo se ubicó en la quinta ubicación, siendo el futbolista más relevante. Delante suyo quedaron el atleta Usain Bolt, el tenista Novak Djokovic, el rugbier Dan Carter y el basquetbolista Stephen Curry.

P. D.: En 2012, el diario inglés *The Guardian* lo eligió como el mejor futbolista del año. En 2015 y 2016, Sky Sports también lo premió como jugador más destacado de ambas temporadas.

---

27 DE DICIEMBRE DE 2015 – JEQUE MATE

En Dubái recibió el Global Soccer Awards como el mejor futbolista de la temporada.

Con cuatro galardones, el Barça fue el gran protagonista de la gala de los Global Soccer Awards. Leo fue premiado como el jugador más destacado del año, y Josep María Bartomeu como el mejor presidente. Además, el club fue condecorado como el equipo de la temporada y el que más atracción mediática tuvo. "Me siento feliz, siempre es lindo recibir este reconocimiento, si bien digo que lo importante es lo colectivo", explicó. "Es difícil elegir un solo momento del año, porque ganamos casi todo lo que jugamos. Me quedo con el año del equipo", explicó la Pulga tras recibir el trofeo.

P. D.: En 2005 compartió equipo con Maradona en un encuentro con fines solidarios organizado por la Fundación PUPI.

28 DE DICIEMBRE DE 2017 – VALE ORO

Según un informe que realizó *Forbes*, Leo fue el latino mejor pago del año.

La revista publicó un listado con los diez latinos (o con ascendencia latina) mejores pagos. La Pulga se ubicó en el primer lugar, con 80 millones de dólares. Atrás quedaron Louis C.K. (52 millones), Sofía Vergara (41,5), Bruno Mars (39), Jennifer Lopez (38), Neymar (37), Carmelo Anthony (32,5), Miguel Cabrera (30,3), Albert Pujols (27,3) y Robinson Cano (26,6).

P. D.: En 2011 fue elegido por el diario israelí *Yedioth Ahronoth* como el mejor deportista del año. Además de definirlo como "la más absoluta perfección", desde la publicación afirmaron: "Durante este año, Messi perfeccionó sus pases brillantes, sus regates y su excepcional equilibrio con el balón, y lo hizo después de que pensáramos que ya no era posible mejorarlos más".

29 DE DICIEMBRE DE 2016 – LIONEL ARMANDO

Por segundo año consecutivo, se quedó con el reconocimiento que otorga la Federación Internacional de Historia y Estadística del Fútbol al mejor armador de juego del mundo. El podio fue completado por Iniesta y Kroos.

A pesar de caracterizarse principalmente por su faceta goleadora, en aquella oportunidad fue reconocido por la IFFHS como mejor armador de juego del mundo. Sumó 172 unidades y dejó atrás a Iniesta (66) y Kroos (45), dos jugadores más vinculados con la elaboración. El ranking fue completado por Özil, Mahrez, Modric, De Bruyne, Pogba, Hazard y Payet.

P. D.: En 2010 fue elegido por segunda vez consecutiva como mejor futbolista de Europa por el diario uruguayo *El País*.

30 DE DICIEMBRE DE 2011 – PROFETA EN SU TIERRA

Durante una ceremonia llevada a cabo en la Municipalidad de Rosario, fue nombrado Embajador de la ciudad. "Acá nací y acá es donde voy a vivir, me gusta que la gente conozca Rosario y, si es por mí, mucho mejor", explicó.

Rosario se jacta de ser la ciudad donde nació, se crio y aprendió a jugar al fútbol el mejor futbolista de la historia. Sus habitantes lo dicen con orgullo, inflan el pecho y afirman ante el mundo: "De acá es Messi". Como no podía ser de otra manera, Leo fue declarado ciudadano ilustre de la ciudad. Acompañado por su mamá, Celia, su papá, Jorge, y algunos amigos, se hizo presente en el Salón Carrasco, donde también asistieron políticos y periodistas. Durante la ceremonia, la intendenta Mónica Fein explicó el motivo de la decisión: "Él demuestra en cada acto lo que esta ciudad quiere difundir: los valores del trabajo, del esfuerzo, de la humildad y del respeto".

P. D. En 2009, el prestigioso diario uruguayo *El País* lo eligió como mejor jugador de la temporada en Europa (también lo haría en 2010, 2011 y 2012). Dos años después, la IFFHS lo reconoció como mejor goleador del mundo del año. En 2015, marcó un tanto en la victoria del Barça por 4-0 ante Betis.

31 DE DICIEMBRE DE 2012 – *GIANT-MAN*

La tradición de quemar muñecos en algunos barrios de La Plata se vive todos los fines de año. Ese día, los vecinos construyeron un Leo gigante para despedir el 2012.

Fueron 144 los muñecos inscriptos y habilitados por la Municipalidad, hechos por los vecinos para quemar y, así, despedir el 2012, en lo que es una tradición en distintos barrios platenses. Uno de ellos, el más aclamado por todos, se trató de un Leo gigante, que tenía la camiseta de la Selección con el número 10, las manos apuntando el cielo, como siempre celebra sus goles, y estaba sentado sobre el planeta Tierra. Pasadas las doce, la escultura, que medía varios metros de altura, ardió en llamas.

FUENTES CONSULTADAS

Balagué, Guillem. *Messi.* Barcelona, Libros Cúpula, 2014.

Paterniti, Juan Pablo. *Messi 10.0.* Buenos Aires, LIBROFUTBOL.com, 2018.

Pereira, Luís Miguel y João Pedro Bandeira. *Biblia de Messi.* Prime Books, 2012.

Sottile, Marcelo. *Lionel Messi, el distinto.* Buenos Aires, Olé, 2013.

Páginas web:

https://argentina.as.com/
https://www.clarin.com/
https://www.elgrafico.com.ar/
https://www.lacapital.com.ar/
https://www.lanacion.com.ar/
https://www.mundodeportivo.com/
https://www.sport.es/ar/
https://www.ole.com.ar/

AGRADECIMIENTOS

A Alejandro Magaldi por confiar otra vez en mí y darme esta oportunidad.

A Felipe Pigna por su colaboración en el prólogo.

A Julieta Bernardez por sus brillantes dibujos y su buena predisposición.

A Mariana Gramajo por las correcciones y su gran ayuda.

A mis amigos y compañeros de AFA, especialmente a Leandro Sánchez por su gran ingenio para los títulos.

A Gabriel Canay por las correcciones a contrarreloj.

A mi familia, en especial a mis viejos y mi hermana, por la paciencia de todos los días.

A mis amigos, los que siempre están, y todos los que alguna vez me preguntaron "¿Cómo venís con el libro?".

SOBRE EL AUTOR

Federico Loiacono nació el 22 de agosto de 1993 en Capital Federal y creció en Ramos Mejía. Es egresado del Círculo de Periodistas Deportivos. Trabajó en la producción de Planeta KO y Planeta Gol, programas de TyC Sports. En 2016 publicó 365 historias de River, una obra que recorre la historia del club. Actualmente se desempeña en el Departamento de Prensa de la AFA y escribe en la revista 1986.

www.ingramcontent.com/pod-product-compliance
Ingram Content Group UK Ltd.
Pitfield, Milton Keynes, MK11 3LW, UK
UKHW021908190726
13853UKWH00002B/571